U0129270

史記漢書概說

廖 忠 俊 編著

文 史 哲 學 集 成
文史哲出版社印行

國家圖書館出版品預行編目資料

史記漢書概說 / 廖忠俊編著. -- 初版 -- 臺北市：文史哲, 民 104.01
頁；　公分（文史哲學集成；668）
參考書目：頁
ISBN 978-986-314-233-1（平裝）

1.史記 2.漢書 3.研究考訂

610.11　　103027080

文史哲學集成 668

史記漢書概說

編著者：廖　忠　俊
出版者：文　史　哲　出　版　社
http:// www.lapen.com.tw
e-mail：lapen@ms74.hinet.net
登記證字號：行政院新聞局版臺業字五三三七號
發行人：彭　正　雄
發行所：文　史　哲　出　版　社
印刷者：文　史　哲　出　版　社
臺北市羅斯福路一段七十二巷四號
郵政劃撥帳號：一六一八〇一七五
電話886-2-23511028・傳真886-2-23965656

實價新臺幣三五〇元

中華民國一〇四年（2015）一月初版

著財權所有・侵權者必究
ISBN 978-986-314-233-1　　00668

推薦序

民國六十四年，我剛自台大歷史研究所畢業，有幸蒙受恩師杜維運教授推介提攜，至士林外雙溪畔東吳大學歷史學系合開教授「中國史學史」與「史學方法論」課程。

忠俊是我當年教導過的系上第一屆學生，隔年，我束裝負笈前往美國匹茲堡大學及哈佛大學繼續求學深造；這期間，仍與忠俊有書信來往聯繫。取得學位回國至台大及中央研究院任職服務；不久，忠俊到中央研究院參訪，並帶來我的著作《哈佛瑣記》，請我簽名留念。從言談問候中，知悉他研究所畢業後，一直在大學專兼任教職，因大學時代悟受沈剛伯教授暨曾祥和夫人「量才適性」的話語勉勵，依自己興趣專治「台灣研究」，先後已有數種著述發表出刊。近年又將研究興趣擴展至正史二十五史的《史記》、《漢書》而於日前草擬完成《史記漢書概說》。

在付梓出版前，先將文稿惠送請我作序；閱讀之後，深感本書概說詳實，深入淺出；我讚賞他認真教學，勤於研究而樂於為之序介。

中央研究院院士
兼歷史語言研究所所長　黃進興

自序

大學時代，有幸研修恩師阮芝生教授的「中國上古史」暨「史記專題研究」；由於阮教授乃謙謙君子，循循善誨而啓發了弟子研治《史記》、《漢書》之興趣。

三年前，在一次「大學歷史教育」相關座談會上，系主任以其長期關注，多年心力此議題，謙和徵答出席教師：「歷史教育要教學生那些能力？」暨「研習歷史能學得那些價值影響？」遂引起筆者編著此《史記漢書概說》之動機，嘗試作爲青年學生教材講義之一。

在寫作過程及撰擬完稿期間，承蒙史漢方家名師吳福助教授、李威熊教授、黃兆強教授、王明通教授及呂世浩教授等專家學者的指導潤正，收穫良多而感恩在心；復蒙大學時期恩師黃進興教授賜序勉勵，增色添輝而銘感五內。

筆者才疏學淺，疏漏之處，或所難免，懇請大雅君子有以教正爲禱。

史記漢書概說

目次

第二章　《漢書》概說……一二一

參考書目

第一章　緒　言

一、從正史二十五史說起

正史二十五史中，《史記》列第一，《漢書》第二。

「正史」之名，始見於唐・魏徵與房玄齡、顏師古等所編撰之《隋書・經籍志》。該志首將中國經籍分爲經、史、子、集（附道經、佛經）；〈經籍二（史部）〉，列司馬遷《史記》爲第一，班固《漢書》第二；且云：

自是世有著述，皆擬班、馬，以為正史，作者大廣；一代之史，至數十家；唯《史記》、《漢書》師法相傳，並有解釋。

「正史」二十五史之第三史，有先稱劉珍等所撰《東觀漢記》；後改採范曄《後漢書》。南朝宋時，再加上三國蜀晉時代陳壽之《三國志》（成書卻早於范書），合稱「四史」，因其在「正史」位置居前，又稱「前四史」。

范曄《後漢書》一出，世人別稱班固所著爲《前漢書》，以作區分。此首見於梁元帝蕭繹（武帝蕭衍第七子，簡文帝蕭綱弟）所撰《金樓子》〈聚書篇六〉：「又使孔昂寫得《前漢》《後漢》《史記》《三國志》」。

及盛唐，以前四史加上撰述晉至南北朝史之《晉書》，沈約《宋書》，蕭子顯《齊書》，姚察及姚思廉父子之《梁書》與《陳書》，《（北）魏書》，李百藥《（北）齊書》，令狐德棻《（北）周書》，魏徵、顏師古、孔穎達等《隋書》爲十三史。

至宋，於十三史外，加上前兩朝代史之劉昫等撰《（舊）唐書》，歐陽修《新唐書》及薛居正、李昉《（舊）五代史》，歐陽修《新五代史》等，而成十七史，如宋・陳振孫《直齋書錄解題》所錄。

也有捨歐陽修之《新唐書》、《新五代史》，改列唐・李延壽之《南（朝）史》、《北（朝）史》，如呂祖謙所列稱之十七史。

更有後來明代毛晉「汲古閣」刊本，取《南史》《北史》而捨去《舊唐書》、《舊五代史》之十七史。

南宋末，文天祥不幸被執，元・博羅丞相問文山自古至今帝王興廢，文山不屈服，嘆曰：「一部十七史，從何說起？」

清・王鳴盛（西莊）有史著《十七史商榷》。

迨明世宗嘉靖年代，又加以元・脫（克）脫及揭傒斯等撰《宋史》、《遼史》、《金史》及明初宋濂、李善長編撰《元史》，成爲二十一史。

清初康熙至乾隆年間，萬斯同、王鴻緒、張廷玉等，撰修「明史」，而有二十二史。故彼時有錢大昕（竹汀）《廿二史考異》、趙翼（甌北）《廿二史箚記》史學名著。（趙翼書宋齊梁陳並南史，（北）魏、齊、周、隋書並北史；薛、歐之舊、新五代史合稱五代史並論，故實爲廿四史箚記也）。乾隆皇帝又欽稟詔增較不流傳之《舊唐書》《舊五代史》，而成二十四史武英殿官本。

又至民國十年，北洋政府徐世昌大總統詔令將柯邵忞著《新元史》列入正史，於是有二十五史之名（註一），得蒙「正」統「史」書之崇高尊榮名位。

至於北伐統一前之民國十六年刊印趙爾巽、柯邵忞、繆荃蓀等纂《清史稿》及國民政府播遷來臺後，史學家張其昀（曉峯）、蕭一山等所修訂《清史》，或加一前代史而有二十六史之名，唯兩者皆仍未蒙政府詔令入於正史。

註一：二十五史列書得名由來，參見《武英殿本四庫全書總目提要》（第二冊史部），頁二；清・錢大昕，《十駕齋養新錄》〈卷六〉；李宗侗，《史學概要》，頁三三—三五；《中國史學史辭典》，頁三—四。

二、歷代對司馬遷《史記》佳評

司馬遷《史記》在二十五史「正史」中既名列第一，又是中國紀傳體通史始祖，爲歷史上偉大之不朽絕作，故史遷被尊稱爲「中國史學（家）之父」，兩千年來，歷代史家對其歌頌讚美不已：

1. 《漢書》卷六十二〈司馬遷傳〉贊曰，（西漢）劉向、揚雄稱讚史遷：

博極群書，皆稱遷有良史之材，服其善序事理，辯而不華，質而不俚，其文質，其事核，不虛美，不隱惡，故稱之實錄。

2. 班固〈司馬遷傳〉云：

司馬遷據《左氏・國語》；采《世本》，《戰國策》，述《楚漢春秋》；其涉獵者廣博，貫穿經傳，馳騁古今，上下數千載間，斯亦勤矣。

3. 《後漢書》〈班彪列傳〉：

司馬遷之著作，採獲古今，貫穿經傳，至廣博也。

4. 南朝宋・裴駰《史記集解》序云：

駰以為（班）固之所言（〈司馬遷傳〉），世稱其當，實勒成一家，總其大較，信命世之宏才也。

5.唐・司馬貞《史記索引》序云：

史記者，漢太史司馬遷父子之所述也，上始軒轅，下訖天漢，作十二本紀、十表、八書、三十系（世）家、七十列傳，凡一百三十篇，勒成一家，其勤至矣。

6.唐・張守節《史記正義》序云：

史記上起軒轅，下暨天漢，作十二本紀，帝王興廢悉詳；三十世家，君國存亡畢著；八書贊陰陽禮樂；十表定代系年封；七十列傳忠臣孝子之誠備矣；筆削冠於史籍，題目足以經邦。

7.劉知幾（子元）《史通》〈二體〉：

丘明傳《春秋》，子長著《史記》，載筆之體，於斯備矣，後來繼作，相與因循，假有改張，變其名目，區域有限，孰能踰此？又，《史通》〈採撰〉：馬遷史記採《世本》、《國語》、《戰國策》、《楚漢春秋》，比並當代雅言，事無邪僻，故能取信一時，擅名千載。

8.宋・鄭樵《通志》總序云：

司馬氏上稽仲尼之意，會《詩》、《書》、《左傳》、《國語》、《世本》、《戰國策》、《楚漢春秋》之言，通黃帝、堯、舜至於秦、漢之世，勒成一書，分為五體：本紀紀年，世家傳代，表以正曆，書以類事，傳以著人。使百代而下，史官不能易其法，學者不能捨其書。六經之後，惟有此作。

9. 元・馬端臨《文獻通考》謂：

太史公號稱良史，作為紀、傳、書、表。紀傳、以述理亂興衰；八書、以述典章經制。後之執筆操簡牘者，卒不易其體。

10. 清・王鳴盛（西莊）《十七史商榷》云：

司馬遷𠝹立本紀、表、書、世家、列傳體例，後之作史者，遞相祖述，莫能出範圍。

11. 趙翼《廿二史箚記》〈各史例目異同〉云：

司馬遷參酌古今，發凡起例，創為全史：本紀以序帝王，世家以記侯國，十表以繫時事，八書以詳制度，列傳以誌人物。然後一代君臣政事、賢否得失，總彙於一編之中。自此例一定，歷代作史者，遂不能出其範圍，信史家之極則也。

12. 章學誠（實齋）《文史通義》〈和州志・列傳總論〉〈外篇〉云：

（司馬遷）載籍極博，折衷六藝，旁推曲證，聞見相參，顯微闡幽，折衷至當。

13. 浦起龍《釀蜜集》卷二：

從來稱良史者莫如馬，遷才高識超，不拘拘於繩墨，敘事多以詳入妙。

14. 清末民初梁啓超（任公）於其《中國歷史研究法》第二章云：

史遷以人物為本位，故其書廁諸世界著作之林，其價值文章佳妙，影響所被，廣而且遠，二千年來所謂正史者，莫能越其範圍。

15. 同時代之魯迅於其《漢文學史綱要》（第十篇司馬相如與司馬遷）稱揚《史記》為：

史家之絕唱，無韻之《離騷》。

16. 徐文珊教授在其《中國史學概論》〈第十章史家〉云：

司馬遷可謂中國史學界一盞明燈，他的學問與著作實照耀古今；五千年之悠久歷史，優良文化，飲水思源，設非司馬遷發憤撰著空前歷史鉅著史記，吾人將何所資以誇耀於世？班固以後的史學家，又如何一代一代的向下接寫？

17. 杜維運教授於其名著《中國史學史（第一冊）》〈第五章史學成熟時期的來臨〉云：

史記不但是中國歷史上最偉大的史學著述，同時也是整個人類歷史上的史學鉅製；問世兩千年餘，到目前為止，沒有另外一部書可以代替它在中國上古史上的地位。

18. 韓兆琦教授在《史記通論》云：

《史記》洪細兼收，包羅萬象，它所包括的時代之長和記載內容之廣，都是前無古人的；它涉及各階層不同類型的人物，無所不有；記載人類各方面生活，無所不包，是一部體大思精的百科全書。

19. 阮芝生教授在〈史記的特質〉一文，更是無比推崇歎云：

以四部觀點來看，《史記》是「正史」鼻祖，應屬史部；《史記》是「散文大宗」，可列集部；《史記》「成一家之言」，又帶有諸子百家子書（部）性質；又，《漢書•藝文志》把《太史公（書）》列在〈六藝略、春秋家〉下，即歸入六藝經部；以一部書而同時橫跨經史子集四部，這在中國是絕無僅有的；真是一部偉大的作品，我們不應忽視了這部書的特質——百王大法。（註二）

總括以上佳評，司馬遷乃富良史之材，其開創史體，使後代他史繼作，皆祖述其法，莫能出其範圍；而《史記》體大思精，橫越經史子集四部，爲一部偉大文史鉅著。

三、歷代對班固《漢書》好評

班固《漢書》是中國第一部紀傳體的「斷代史」，劉知幾《史通》卷一〈六家〉：

《漢書》者（斷自高祖，盡於王莽），究西都之首末，窮劉氏之廢興，包舉一代，撰成一書，言皆精練，事甚該（賅）密，自爾迄今，無改斯道。

後代入「正史」者，除唐•李延壽之《南史》、《北史》外，皆是沿襲《漢書》斷代史之體例。

歷代史家對班固《漢書》亦多所讚譽：

註二：阮芝生，〈史記的特質〉，載於施丁主編，《史記研究（上）》，（北京）中國大百科全書出版社，二〇〇九年一月，頁九四—九五。

1. 范曄《後漢書》〈班彪列傳（附子班固）〉：

固年九歲能屬文誦詩賦；及長遂博貫載籍，諸儒慕之……以（父）彪所續（後傳）前史未詳，乃潛精研思，欲就其業……自（明帝）永平中受詔，潛精積思二十餘年，至（章帝）建初中乃成；當世甚重其書（漢書），學者莫不諷誦焉。

2. 魏文帝曹丕在著名的文史至文〈典論論文〉中云：

傅毅之於班固，伯仲之間也。

3. 劉知幾《史通》〈論贊〉篇云：

孟堅辭惟溫雅，理多愜當，其尤美者，有典誥之風，翩翩奕奕，良可詠也。

4. 宋末元初胡應麟以班氏《漢書》典籍備致，善於蒐羅，史才史學「足稱具美」。

5. 清・王鳴盛《十七史商榷》卷七，稱譽班書「紀事詳贍」，尤於「十志」最能感受呈現其特色優點；其中之〈刑法志〉、〈藝文志〉、〈地理志〉，爲《漢書》首創，《史記》無。（〈五行志〉雖亦首創，然迂妄迷信，後人譏之）。

6. 趙翼《廿二史箚記》卷二贊美〈漢書多載有用之文〉：

如賈誼〈治安策〉，鼂（朝）錯〈募民徙塞下疏〉，枚乘〈諫吳王謀逆書〉，公孫弘〈賢良策〉，（董仲舒〈天人三策〉），皆有關經術政治有用文章；又多登載辭賦文采，如司馬相如〈子虛賦〉，揚雄〈校獵賦〉等，乃馳騁舒發胸懷名作，亦後世辭賦之祖也。

7.章學誠賞識班固之才，可謂至矣；《文史通義》〈永清縣志．職官表序例〉：班史〈百官〉之表，卷帙無多，而所載詳及九卿……表列三十四官，格止十四級，篇幅簡而易省，事類從而易明。又譽揚「十志」，於〈答甄秀才論修志第二書〉：孟堅十志，綜核典章，包涵甚廣。

8.周壽昌於其名著《漢書注校補》自序云：蘭臺詳輯而審擇之，殫二十餘年心力，以一手編成，譬之玉碚雜糅，而礱以片石，鏐鐵竝鍛，而冶以一鑪，潛精積思，詎易融粹。

9.王先謙《前漢書補注》序例讚云：先謙自通籍以來，即究心班書，博求其義，薈最編摩，積有年歲，都為一集，命曰《漢書補注》……班志地理存前古之軌跡，立來史之準繩，兼詳水道源流，使後人水地相資，以求往蹟，可謂功存千古者也。

10.今人吳福助教授贊佩班固《漢書》蒐羅載錄功力，其〈漢書所錄西漢文章探討〉統計：詔令類五三九篇，奏議類四八七篇，詩歌類六九篇，書牘類四四篇，辭賦類一九篇，

其他類一二篇，總數實得一一七〇篇。（註三）

由此可見班固《漢書》史學涵養之博大壯觀。

吳教授又於《史漢關係》專書作比較，更能見其大要：

史記注重氣勢，喜馳騁，如龍騰虎躍，豪放跌宕，疏爽空靈；漢書用筆整密，藻畫布置，不爽尺寸，特尚剪裁，文約而事豐。（註四）

11. 李威熊教授讚揚：

班固是漢代有名的史學家，也是辭賦家，具文才，凡諸子百家之書，無不窮究，所著《漢書》，文辭凝鍊，結構謹嚴，又善於敘事，持論平穩，在文學上有很大的成就。它跟《史記》一樣，是文學的歷史，也是歷史的文學。因它喜用駢偶，注重詞藻的華麗，所以在中國駢文發展史上具有崇高的地位。（註五）

12. 王明通教授《漢書導論》第九章〈漢書之影響〉更推崇：

班氏《漢書》影響後世，規範來者深遠，其影響之廣大，至於經史子文四目。（註六）

註三：吳福助，《漢書採錄西漢文章探討》，頁八二附錄，〈漢書所錄西漢文選目〉。

註四：吳福助，《史漢關係》，頁六一。

註五：李威熊，《漢書導讀》，頁六三。

註六：王明通，《漢書導論》，頁四四一。

總括歷代好評，班固博覽羣籍，載錄豐盛，深富良史之才；而《漢書》紀事詳瞻，多載有用經世至文及辭賦文采，影響後世深遠廣大。

《後漢書》〈班彪列傳（附子班固）〉論曰：

> 司馬遷、班固父子，其言史官載籍之作，大義燦然著矣，議者咸稱二子有良史之才，遷文直而事覈，固文贍而事詳。

總之，司馬遷《史記》是中國廿五史「正史」中，第一部紀傳體通史；班固《漢書》則為正史中第一部紀傳體斷代史；兩書皆歷史鉅編大著，後人極多推崇，並稱「史漢」，論及兩位作者，則稱之「馬班」或「遷固」。

四、研習歷史之功用

梁啓超於民國十二年四月，應《清華周刊》邀約，作〈國學入門書要目及其讀法〉：

> 其書（史記、漢書）皆大史學家一手著述，體例精嚴，且時代近古，向來學人誦習者眾，在學界之勢力與六經諸子埒（相等）；吾輩為常識計，非一讀不可。

由此可知，吾人應多研讀歷史；然則，習史之目的何在？其功用價值爲何？以下謹概要數端述之：

1. 歷史的目的，在依據人類過去活動事實，供作資鑑功用，鑒古知今，予現代或未來新意義價值：

梁啓超於《中國歷史研究法》第一章言：

史者何？記述人類（過去）社會賡續活動之體相，校其總成績，求得其因果關係，以為現代人活動之資鑑者也。

即《史記》〈太史公自序〉有言：「述往事，思來者」之意。

亦即《後漢書》〈班彪列傳〉：「若左氏（傳）……太史公書，今之所以知古，後之所由觀前。」又，同書〈馮異傳〉引《孔子家語》曰：「明鏡所以察形，古事所以知今。」

吳競《貞觀政要》與《新唐書》〈魏徵列傳〉記載盛唐太宗名言：

以銅為鏡，可以正衣冠；以古（歷史）為鏡，可以知興替；以人為鏡，可以明得失；朕常保此三鏡，（資鑑）以防己過。

宋神宗以司馬光通史鉅作「鑑於往事，有資於治道」，賜以書名《資治通鑑》並提序文。

宋・王夫之《讀通鑑論》〈卷六〉：

所貴乎史者，述往以為來者師也。

並見讀史之重要目的及資鑑之功用與價值。

2. 了解中國歷史，深厚民族感情：

深切了解國家歷史悠久，文化深遠豐富，才知愛護國家，珍惜民族文化。

錢穆（賓四）於其史學名著《國史大綱》前言〈信念〉云：

一國之國民，對其本國已往歷史，應該略有所知；尤必附隨對其已往歷史之溫情與敬意。

《元史・董文炳傳》：

董文炳在臨安主留事，曰：「國可滅，史不可滅」。

清・龔自珍云：「滅人之國，必先去其史」，更見研治歷史以知曉國家朝代之興滅。

3. 歷史使人聰明，增長智慧，學以致用：

法國文史哲學家培根云：

歷史使人聰明，讀書能使為豐博全人。（註七）

吾人又自歷史事實典故中，學以致用而領略頓悟，如春秋時代范蠡、文種輔佐越王勾踐「臥薪嘗膽」，十年生聚教訓，終於復國雪恥之後，范蠡隨之去國他遷成爲慷慨鉅富「陶朱公」；而文種留下卻換來越王賜劍自刎身亡。又如楚漢相爭，劉邦大功臣留侯（張良）與淮陰侯（韓信）攻城略地，卻遭遇絕然不同。留侯稱曰：「封萬戶，位列侯，此布衣之極，於良足矣。願棄人間事，欲從赤松子（道家神仙）遊耳」。而韓信功高震主，漢王高祖心防而

註七：“Complete Essays of Francis Bacon”（of studies）：Histories make men wise , reading makes a full man.

屢奪其兵權，仍欲謀反，高帝以陳平計謀，使用天子巡狩會諸侯而縛信，信曰：「狡兔死，良狗烹；高鳥盡，良弓藏；敵國破，謀臣亡。」卒遭呂后斬之，夷三族。太史公曰：「假令韓信學道謙讓，不伐己功，不矜其能，勳可以後世血食矣。不務出此，乃謀畔逆，夷滅宗族！」

吾人研讀治史，當以為炯戒，要用智慧功成不居，聰悟明哲保身之道。

4. 讀史可了解中國古代學術源流，培養高尚情操，改變氣質：

正史中之《漢書》、《隋書》、《舊唐書》、《新唐書》、《宋史》與《明史》等六史書，皆含〈藝文志〉或〈經籍志〉，吾人自其所列書籍目錄，可以了解學術大要源流；又從〈文苑傳〉、〈儒林傳〉可以知曉歷代文人儒者生平事蹟。

聖賢仁人智者，有功於世，感受歷史為之增光生輝；又閱讀書中之英雄豪傑史跡，扭轉乾坤，讚歎江山多采；敬仰足以崇聖勵志；效法培養氣節情操，見賢思齊，如孟子所謂：「舜何人也？予何人也？有為者亦若是」。

5. 讀史善用資料，有助於職場資用：

史書上富含政治、經濟、軍事國防外交、財經、教育文化、司法法制、社會民生福利、中外交通、藥方醫技及經史子集種種學術資料，吾人閱讀之後，歸納剪裁，善為運用，或能於職場工作上有所領悟助益。

6. 歷史是過去的政治，今日政治在未來成歷史：

英國政治史學家 E.A.Freeman（1823~1892）倡導堅持此論，認爲國家文官菁英訓練，要讓他知曉歷史，是訓練政治領導人才最佳的科目材料。

以中國而言，漢朝「文景之治」及唐代「貞觀之治」，在當時爲「政治」，於今，我們稱漢唐盛世「歷史」；康梁變法，孫文革命，是百餘年前的「政治」事實，如今，成爲中國之近現代「歷史」。

王羲之垂史不朽至文〈蘭亭集序〉有言：「後之視今，亦猶今之視昔」。六十多年或更久遠之後，我們的子孫會以「歷史」心思眼光回頭檢視此時此地的現實「政治」，吾輩今人能不慎乎？能不愀然警覺乎？

7. 讀史在徵信史實，知曉春秋大義：

《春秋左傳》〈襄公・二十五年〉：

> 太史書曰：「崔杼弒其君」，崔子殺之；其弟嗣書，而死者二人；其弟又書，乃舍之。南史氏聞太史盡死，執簡以往，聞既書矣，乃還。

又，《左傳》〈宣公・二年〉：

> 趙穿攻殺（晉）靈公，太史書曰：趙盾弒其君，以示于朝。宣子曰：不然；對曰：子為正卿，亡不越境，反（返）不討賊，非子而誰？孔子曰：董狐，古之良史也，書法不隱。

以上兩則史事，由良史南史氏與董狐秉實直書，皆明乎春秋大義。此亦劉知幾《史通》卷十一〈史官建置〉所言：

> 史官不絕，竹帛長存，用使後之學者，見賢而思齊，見不賢而內自省。若乃《春秋》成而逆子懼，南史至而賊臣書，其勸善懲惡也。由斯而言，則史之為用，其可缺之哉？

班固《漢書》卷六十二〈司馬遷傳〉贊曰：

> 孔子作春秋，而左丘明為之傳……司馬遷（作史記）……自劉向、揚雄博極羣書，皆稱遷有良史之材，服其善序事理，辨而不華，質而不俚，其文質，其事核，不虛美，不隱惡，故謂之實錄。

8. 歷史學是人文學的基本：

章學誠《文史通義》卷一〈內篇一〉第一句話即云：

> 六經（詩書禮樂易春秋）皆史也。又於《章氏遺書》〈報孫淵如書〉云：盈天地間凡涉著作之林，皆是史學；六經特聖人取此六種之史以垂訓者耳。

要之，經學便是史學，經史一家，而儒學也即爲史學。可以說，歷史即是人類社會文化生命體，亦即，歷史即人生，人生成爲歷史；故中國史學，實乃超出尋常的人生哲學，一切

學問盡包含在史學之內。（註八）

地理是歷史的大舞台，人類歷史上的一切社會活動都在地理上表演；中國第一部以「地理」命名的著作〈漢書‧地理志〉，即是由偉大歷史學家班固所撰著。

就以目前國內而言，各大學之「中文（國文）系所」、「（史）地學系」（早期台灣師大及現今嘉義大學融合歷史與地理為一，稱之史地學系）、「哲學系所」、「政治學系所」、「古典文獻學研究所」（台北大學設立）、「語文與創作學系」（台北教育大學開設）及「歷史與文物管理研究所」（逢甲大學創設）等，皆與歷史息息相關，所以歷史學家錢穆有言：「人文學的研究須以歷史為基礎，人文學的根本在史學」。（註九）

總之，吾人應多研讀歷史（如《史記》《漢書》），其目的作用價值在於資鑑、珍愛民族、使人聰明增智、知曉學術源流、資助職場應用、歷史與政治因果關連、春秋徵實大義、歷史是人文學的基礎根本等。（註一〇）

註八：錢穆，《中國史學發微》，〈中國民族性與中國文化之特長處〉，頁一九三。
註九：錢穆，《中國史學發微》，頁五三與頁六0及頁二六六。
註一〇：本節主要參閱，李威熊，《漢書導讀》第一章，〈讀史的重要〉；杜維運，《史學方法論》第一九章，〈歷史的功用〉；杜維運，《歷史的兩個境界》，頁七—二〇。

第二章 《史記》概說

第一節 司馬遷繫年著述動機與取材

一、司馬遷繫年

司馬遷，姓司馬，名遷，字子長（子長字於《史記》〈太史公自序〉及《漢書》〈司馬遷傳〉皆未載，始稱於揚雄《法言》）；遷生於龍門（左馮翊夏陽，今陝西韓城）。西漢景帝中元五年（西元前一四五年）生，一歲。（註一）武帝建元五年（西元前一三六年），（註二）十歲。〈自序〉：

註一：史遷生年或有主張生於武帝建元六年者，如李長之（歷城）、郭沫若；唯大多認為生於景帝中元五年，如王國維、梁啓超、鄭鶴聲、朱東潤、錢穆所持。

年十歲則誦古文。

元朔三年（西元前一二六年），二十歲，未仕前，遊學遍歷大江南北，〈自序〉：

二十而南游江、淮，上會稽，探禹穴，闚九疑，浮於沅、湘；北涉汶、泗，講業齊、魯之都，觀孔子之遺風，鄉射鄒、嶧；厄困鄱、薛、彭城，過梁、楚以歸；於是遷仕為郎中。

元「封」元年（西元前一一〇年），三十六歲，父司馬談卒。〈自序〉：

奉使西征巴蜀以南，南略邛笮昆明，還報命。是歲，天子始建漢家之「封」，而太史公（父談）留滯周南，不得與從事，故發憤且卒。而子遷適使反，見父於河洛之間，太史公執遷手而泣。

元封三年（西元前一〇八年），三十八歲，遷繼父職爲太史令，〈自序〉：

（父談）卒三歲而遷為太史令，紬史記石室金匱之書。

太初元年（西元前一〇四年），四十二歲，開始論述史書（即日後東漢末年首稱遷書《史記》），〈自序〉：

註二：武帝在位五四年，共有建元（中國皇帝第一個正式年號）、元光、元朔、元狩、元鼎、元封（前六個年號各六年，小計三六年）；太初、天漢、太始、征和（此四個年號各四年，小計一六年），加上最後一個年號後元二年，凡十一個年號共五四年。

（第）五年而當太初元年……天曆始改……於是論次其文。（蓋史遷等造「太初曆」事畢，亦乃完成人生另一大事業，故開始論述其書）。

太初四年（西元前一〇一年），四十五歲；史遷書記事止於是年，〈自序〉最後一句：

太史公曰：余述歷黃帝以來至太初而訖，百三十篇。

唯《漢書》〈司馬遷傳〉最後一段贊曰：

司馬遷據《左氏傳》、《國語》、采《世本》、《戰國策》，述《楚漢春秋》，接其後事，訖於天漢。

天漢三年（西元前九八年），四十八歲，遷被「腐刑」。〈自序〉：

於是（四十二歲）論次其文，七年（四十八歲）而太史公遭李陵之禍，幽於縲紲；乃喟然而歎曰：是余之罪也夫！身毀不用矣。

李陵矢盡兵敗而降匈奴在天漢二年十一月，遷爲陵辯，皇上（武帝）以遷爲陵遊說，誣罔，天漢三年，下罪腐刑。

史遷作〈悲士不遇賦〉，《漢書》〈藝文志〉記「司馬遷賦八篇」，唯至今只存此篇。

太始四年（西元前九三年），五十三歲；著名〈報任安（少卿）書〉作於此年十一月。

征和二年（西元前九一年），五十五歲；武帝子戾太子據之「巫蠱獄」起，任安坐罪腰斬。此年，遷書百三十篇草稿初畢。

後元二年（西元前八七年），武帝崩，孝昭帝即位，遷年五十九歲。或昭帝始元元年（西元前八六年），遷卒，壽六十歲。（註三）

再者，司馬遷一生遊歷行蹤與其書《史記》息息相關，因書中甚多處提及遊歷地名，主要有二十歲時遊歷、三十六歲時奉使西（南）征及後來侍從今上（武帝）巡行等三大路線，今依書內卷帙先後次序摘錄如下：

〈卷一五帝本紀〉：「余嘗至空峒，北過涿鹿，東漸於海，南浮江淮矣。」

〈卷二十八封禪書〉：「天子既已封泰山……北至碣石，巡自遼西，歷北邊至九原……余從巡祭天地諸神名山川而封（泰山）禪（肅然山梁父）焉。」

〈卷二十九河渠書〉：「余南登廬山，觀禹疏九江，遂至於會稽，上姑蘇，望五湖，闚洛迎河，行淮泗濟洛，西瞻蜀之岷山，北自龍門至於朔方。」

〈卷三十二齊太公世家〉：「余適齊，自泰山屬之琅邪，北被於海。」

〈卷四十四魏世家〉：「余適故大梁之墟。」

註三：王國維，〈太史公行年考〉：「史公卒年絕不可考，然視為與武帝相始終，當無大誤也」。朱東潤《史記考索》：「史公沒年不詳，或昭帝即位之後猶在」。《張大可文集・第七卷》《司馬遷評傳》：「司馬遷絕對卒年尚不可知，但他死於武帝之後，確定無疑，姑定為昭帝始元元年（前八六年），則司馬遷一生大約享年六十歲，與武帝相終始是完全可以成立的。」

〈卷四十七孔子世家〉：「適魯觀仲尼廟堂」

〈卷七十五孟嘗君列傳〉：「吾嘗過薛」。

〈卷七十七魏公子列傳〉：「吾過大梁之墟」。

〈卷七十八春申君列傳〉：「吾適楚，觀春申君故城宮室。」

〈卷八十四屈原賈生列傳〉：「適長沙，觀屈原所自沈淵。」

〈卷八十八蒙恬列傳〉：「吾適北邊，自直道歸，行觀蒙恬所爲秦築長城亭障。」

〈卷九十二淮陰侯列傳〉：「吾如淮陰。」

〈卷九十五樊酈滕灌列傳〉：「吾適豐沛，問其遺老。」

〈卷一百三十太史公自序〉：「二十而南游江淮，上會稽，探禹穴，闚九疑，浮於沅、湘，北涉汶、泗，講業齊、魯之都，觀孔子之遺風，鄉射鄒、嶧，戹困鄱、薛、彭城，過梁、楚以歸，於是遷仕爲郎中，奉使西征巴蜀以南，南略邛、筰、昆明，還報命。」

要之，司馬遷遊歷行蹤，幾乎走遍當時全漢大部分版圖，其「未至者，朝鮮、河西、嶺南諸初郡耳」（註四）。鄭鶴聲《司馬遷年譜》附表記載史遷遊歷黃河流域之甘肅（崆峒），山西陝西（朔方、龍門），河南（洛、大梁），河北（涿鹿），山東（泰山、濟、汶、泗、薛、

註四：王國維，〈太史公行年考〉，《（王）觀堂集林》卷一一；梁任公，〈要籍（史記）解題及其讀法〉，《史地學報》二卷七號，頁二。

茲依史遷書內先後卷數，描繪出「司馬遷遊歷行蹤示意圖」如左：

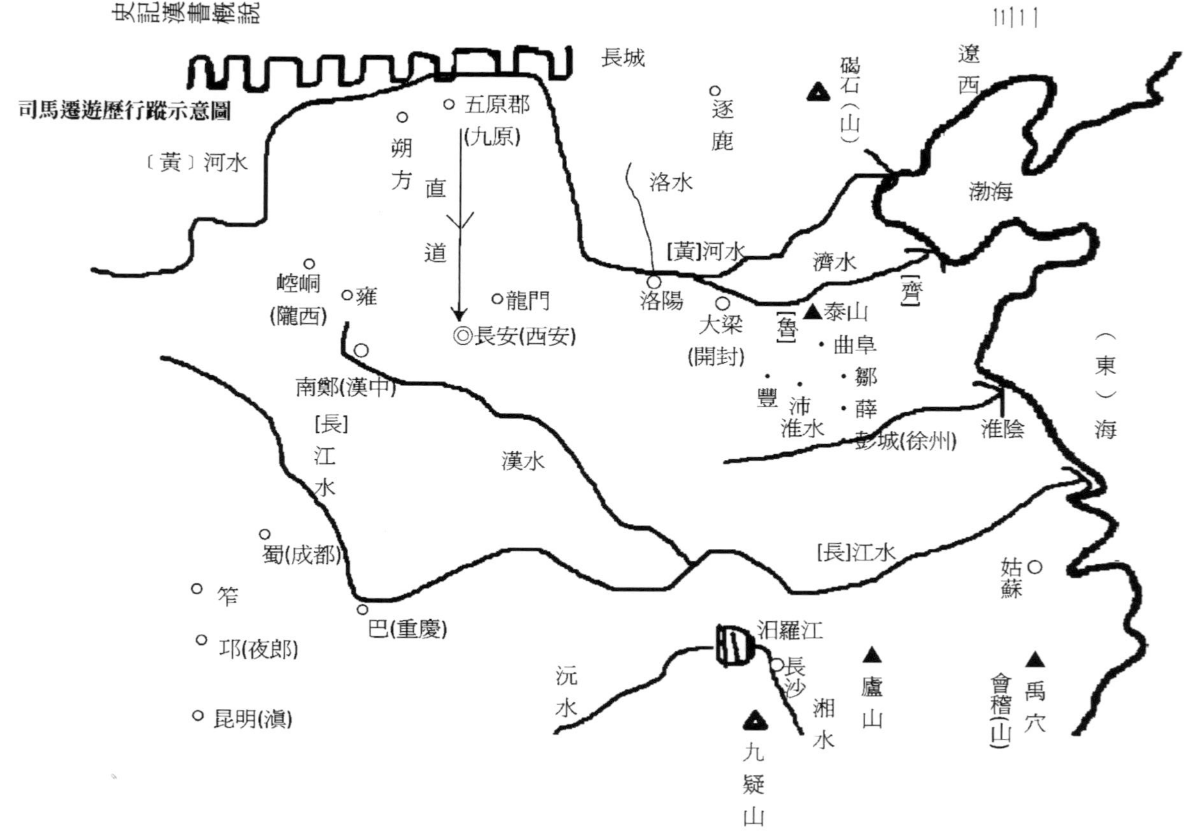

鄒、齊魯之地）；長江流域之四川（岷山、巴蜀），湖南（沅、湘、長沙、九疑山），江西（廬山、九江），江蘇（姑蘇、五湖、淮陰、沛豐），浙江（會稽）及黔滇地區之邛、笮、昆明。（註五）

二、《史記》成書與注本

司馬遷著述其書，不稱名《史記》，而稱《太史公書》。〈自序〉：

> 太史公仍父子相續纂其職……上記軒轅，下至于茲，著十二本記，作十表、八書、三十世家、七十列傳，凡百三十篇，五十二萬六千五百字，（註六）為《太史公書》。

東漢初季（光武、明、章帝時），班彪、班固父子亦不稱遷書名《史記》，《後漢書》〈班彪列傳〉：

> 彪乃繼採前史遺事，傍貫異聞，作〈後傳〉數十篇……論曰：若《左氏（傳）》、《國語》、《世本》、《戰國策》、《楚漢春秋》、《太史公書》，今之所以知古，後之

註五：鄭鶴聲，《司馬遷年譜》，商務，一九三三年九月，頁三九。

註六：（北京）中華書局標點本有五十五萬五仟餘字，而瀧川資言（龜太郎），《史記會注考證》各篇目下皆注明字數，凡五十五萬八仟八佰三十字，可證今本已非古舊原本《史記》，後人多有亡佚或增補也，參見周虎林，《司馬遷與其史學》，頁九二–九六。

所由觀前。

班固《漢書》〈楊敞附子楊惲傳〉：

惲母，司馬遷女也；惲始讀外祖《太史公記》。

至東漢桓、靈兩帝時，始有首稱遷書爲《史記》者：

桓帝永壽元年（西元一五九年），「漢東海廟碑」碑陰：「闕者秦始皇所立，名之秦東門闕，事在史記。」

故《史記》之名稱，當以此東漢桓帝時爲最早。又，靈帝初年所立「漢執金吾丞武榮碑」：

闕幘傳講孝經、論語、漢書、史記、左氏、國語，廣學甄微，靡不貫綜。（註七）

至東漢末靈帝、獻帝時，荀悅《漢記》卷十四：

司馬子長既遭李陵之禍，喟然而嘆，幽而發憤，遂著《史記》，始自黃帝，以及秦漢，為《太史公記》。

乃第一位確證稱名史遷書爲《史記》，即《太史公記》；（註八）錢穆亦云：「他（史遷）

註七：陳直，〈太史公書名考〉，載於黃沛榮編，《史記論文選集》，頁二〇一。張大可注，《史記新注》，頁二二五五，《史記》專名始於東漢桓靈之際。

註八：劉偉民，（香港）〈聯合書院學報〉，第三期，頁二六；劉偉民，《司馬遷研究》，頁三九。《張大可文集，第二卷史記研究》，頁一一八；張大可，〈史記體制義例簡論〉，載於施丁主編，《史記研究（下）》，頁三四二。

的書本稱《太史公書》，並不稱《史記》，直到東漢以後，漸稱此書爲《史記》。（註九）

因此，《三國志・魏書》卷十三〈王朗附子王肅傳〉，已稱《史記》：

（魏明）帝又問（王肅）：「司馬遷以受刑之故，內懷隱切，著《史記》。」……對曰：「司馬遷記事，不虛美，不隱惡。」

至《隋書・經籍志》〈經籍二史部〉起頭記載：「漢司馬遷撰《史記》一百三十卷」，從此，遷書《史記》遂通稱至今。

又，《史記》自元封三年（遷三十八歲），「父卒三歲而遷爲太史令，紬史記石室金匱之書」，至太初元年（四十二歲），「於是論次其文」；征和二年（五十五歲），遷書百三十篇草稿初畢，則撰述時間前後約十八年；趙翼《廿二史箚記》〈司馬遷作史年歲〉：「更有刪訂改削之功，蓋書之成，凡二十餘年也。」杜維運教授《中國史學史》第五章〈司馬遷史記的撰述〉：「出遊天下，直接訪問遺跡及網羅舊聞，斷斷續續歷時近二十年；閱讀纂集史料及執筆撰寫，歷時又近二十年，四十年的歲月，耗於一書。」

所以，黃兆強教授詳加研究考訂，認爲「若從當太史令時（三八歲）算起，至書成於征和二年（五五歲），則撰著時間前後凡十八年；若從二十歲出遊考察算起，則凡三十六年，

註九：錢穆，〈中國古代大史學家—司馬遷〉，《民主評論》四卷八期，頁四。

再加上卒前可能作的修改合算，則更不止此數。」(註一〇)

至於《史記》的注本，今流行三家：南朝劉宋裴駰《史記集解》八十卷；唐司馬貞《史記索隱》三十卷；唐張守節《史記正義》三十卷。原來各本單行，宋代刻本始將三家注分列《史記》正文之下；至明代監本出，三家注合一，稱之《史記三家注》。

《史記集解》八十卷，南朝宋・裴駰撰，以晉人徐廣《音義》爲本。駰字龍駒，河東（今山西）聞喜人，父爲名家裴松之，官至中郎外兵參軍；松之注有陳壽《三國志》。

《史記索隱》三十卷，唐司馬貞撰。爲開元中官朝散大夫弘文館學士，因裴駰《史記集解》，撰爲此書。〈自序〉：

今止撰求異聞，採摭典故，解其所未解，申其所未申者，釋文演注，凡三十卷，號曰《史記索隱》。

《史記正義》三十卷，唐張守節撰。守節略晚於司馬貞，書成於開元二十四年八月。〈自序〉：

守節涉學三十餘年，六籍九流，地理蒼雅，銳心觀採，評史漢，詮眾訓釋，而作正義。古典幽微，竊探其美，索理允愜，次舊書之旨，兼音解注，引致旁通，凡成三十卷，

註一〇：黃兆強，〈二十六史編纂時間緩速比較研究〉，《新亞學報》，二十二卷，二〇〇三年。

名曰《史記正義》。

三、《史記》著述動機

司馬遷著述《史記》之動機約有四端：

1. 克昭祖業、孝奉父命：〈自序〉：

太史公執遷手而泣曰：余先周室之太史也。自上世嘗顯功名於虞夏，典天官事。後世中衰，絕於予乎？汝復為太史，則續吾祖矣。今天子接千歲之統，封泰山，而余不得從行，是命也夫，命也夫！余死，汝必為太史；為太史，無忘吾所欲論著矣。且夫孝始於事親，中於事君，終於立身。揚名於後世，以顯父母，此孝之大者。夫天下稱誦周公，言其能論歌文武之德，幽厲之後，王道缺，禮樂衰，孔子修舊起廢，論詩書，作春秋，則學者至今則之。自獲麟以來四百有餘歲，而諸侯相兼，史記放絕。今漢興，海內一統，明主賢君忠臣死義之士，余為太史而弗論載，廢天下之史文，余甚懼焉，汝其念哉！遷俯首流涕曰：小子不敏，請悉論先人所次舊聞，弗敢闕。卒三歲而遷為太史令，紬史記石室金匱之書。

2. 紹繼孔子春秋大義：司馬遷嘗向孔安國（孔子第十三世孫）學《古文尚書》，亦從董仲舒學《公羊春秋》，孝奉父命之後，司馬遷心中一直充積要寫一部紹繼孔子六藝春秋之書。

〈自序〉：

太史公曰：「先人有言：『自周公卒五百歲而有孔子。孔子卒後至於今五百歲，有能紹明世，正易傳，繼春秋，本詩書禮樂之際？』意在斯乎！意在斯乎！小子何敢讓焉。」……太史公曰：「余聞董生曰：『周道衰廢，孔子為魯司寇，諸侯害之，大夫壅之。孔子知言之不用，道之不行也，是非二百四十二年之中，以為天下儀表，貶天子，退諸侯，討大夫，以達王事而已矣。』子曰：『我欲載之空言，不如見之於行事之深切著明也。』夫春秋，上明三王之道，下辨人事之紀，別嫌疑，明是非，定猶豫，善善惡惡，賢賢賤不肖，存亡國，繼絕世，補敝起廢，王道之大者也。……春秋以大義，撥亂世反之正……於是論次其文。

3. 遭李陵禍而舒鬱結：〈自序〉：

太史公遭李陵之禍，幽於縲紲。乃喟然而嘆曰：是余之罪也夫！是余之罪也夫！身毀不用矣。退而深惟曰：夫詩書隱約者，欲遂其志之思也。昔西伯拘羑里，演周易；孔子戹陳蔡，作春秋；屈原放逐，著離騷；左丘失明，厥有國語；孫子臏腳，而論兵法；不韋遷蜀，世傳呂覽；韓非囚秦，說難、孤憤；詩三百篇，大抵賢聖發憤之所為作也。此人皆意有所鬱結，不得通其道也，故述往事，思來者。於是卒述陶唐以來，至于麟止，自黃帝始。

4.以究天人之際，通古今之變，成一家之言：《漢書》〈司馬遷傳〉（報任安（少卿）書）云：

如左丘明無目，孫子斷足，終不可用，退論書策以舒其憤，思垂空文以自見。僕竊不遜，近自託於無能之辭，網羅天下放失舊聞，考之行事，稽其成敗興壞之理，凡百三十篇，亦欲以就天人之際，通古今之變，成一家之言。

四、《史記》著述取材

《史記》卷一百三十〈太史公自序〉：

太史公（父談）乃論六家之要指……遷俯首流涕曰：小子不敏，請悉論先人所次舊聞，弗敢闕。卒三歲而遷為太史令，紬史記石室金匱之書……天下遺文古事靡不畢集太史公；太史公仍父子相續纂其職……罔羅天下放失舊聞……凡百三十篇，五十二萬六千五百字，為太史公書，成一家之言，厥協六經異傳，整齊百家雜語，藏之名山，俟後世聖人君子。

要之，《史記》資料來源，蔚然大觀，六經史書諸子百家天下文集，靡不畢集罔羅，包含其中矣。

茲以《史記》凡一三〇卷之先後順序，摘錄其所運用經史子集資材如下：

卷一〈五帝本記〉使用《帝書》、《五帝德》、《帝繫姓》、《春秋》、《國語》。
卷二〈夏本紀〉傳用《夏小正》。
卷三〈殷本紀〉采《詩》、商湯〈帝誥〉、〈湯誓〉。
卷十三〈三代世表〉讀《諜（牒）記》、《歷譜諜》、《終始五德傳》、〈五帝繫諜〉。
卷十四〈十二諸侯年表序〉讀用《春秋歷譜諜》、《左氏春秋》、《虞氏春秋》、《呂氏春秋》、《荀子》、《孟子》、《韓非子》、《董仲舒春秋義》等。
卷十五〈六國年表〉讀用《秦記》、《禮（記）》。
卷二十四〈樂書〉，子貢問《樂》。
卷二十八〈封禪書〉記載《周官》曰：冬日至，祀天於南郊。
卷三十二〈齊太公世家〉登載《齊太公（望呂尙）兵法》。
卷四十七〈孔子世家〉使用《詩》《書》《禮》《樂》《易》《春秋》六藝及孔子孫孔伋（子思）作《中庸》。
卷五十五〈留侯（張良）世家〉記《太公兵法》。
卷六十二〈管晏列傳〉讀《管子》（牧民篇等）及《晏子春秋》。
卷六十三〈老子韓非列傳〉錄用《老子》、《莊子》、《申子（不害）》、《韓非子》。
卷六十四〈司馬穰苴列傳〉讀用《司馬穰苴兵法》。

卷六十五〈孫子吳起列傳〉觀用《孫子（武）兵法》、《孫臏兵法》、《吳起兵法》。
卷六十七〈仲尼弟子列傳〉記載曾參作《孝經》、取《論語》弟子問。
卷六十八〈商君列傳〉嘗讀《商君（鞅）書》。
卷七十四〈孟子荀卿列傳〉載用《孟子》、《荀子》、《慎子（到）》、《騶衍子》、《公孫龍子》、《李悝書》、《墨子》等。
卷七十七〈魏公子（信陵君）列傳〉載《魏公子兵法》。
卷八十四〈屈原賈生列傳〉讀用〈離騷〉、〈天問〉屈原賦、宋玉賦及賈誼辭賦。
卷九十四〈田儋列傳〉言《長短說》（《戰國策》）。
卷九十七〈酈生陸賈列傳〉讀用陸賈《新語（書）》。
卷一百五〈扁鵲倉公列傳〉傳用黃帝、扁鵲之《脈書》。
卷一百一十二〈平津侯（公孫弘）主父（偃）列傳〉載《春秋》雜記。
卷一百一十七〈司馬相如列傳〉載〈子虛賦〉、〈喻巴蜀檄〉、〈諫獵疏〉、〈大人賦〉、〈勸封禪文〉等。
卷一百二十一〈儒林列傳〉記載《申公詩》、《轅固生詩》、《韓（嬰）詩內外傳》、伏生《尚書》、董仲舒《春秋》及胡母生《春秋》等。
卷一百二十三〈大宛列傳〉提及《禹本紀》、《山海經》。

卷一百二十九〈貨殖列傳〉載用《周書》。

卷一百三十〈太史公自序〉提到太史公（父談）受《易》於楊何，論六家（陰陽、儒、墨、名、法、道德家）要指。

《史記》資料來源於以上經史子集外，還使用帝詔、功令、圖像（留侯世家：至見其圖）等檔案，見聞（目睹耳聞）如「余睹」李將軍，「吾視」郭解之親眼所目睹及「吾聞」、「爲余道」、「語余曰」、「余聞」之親耳所聽聞及實地參觀訪問，「適魯，觀仲尼廟堂車服禮器」、「吾適豐沛，問其遺老」等。（註一一）

總之，司馬遷讀萬卷書，行萬里路，上窮天文天官，下至河渠地理，親身經歷，目睹耳聞，眼到、耳到、口到、心到、手腳到，溶入成爲他的文史名著，有良史之才，稱之「實錄」，集史學、史才、史識、史德、史心於一身，造就「正史」的第一史《史記》。

註一一：〈史記著述取材〉乙節，主要參考阮芝生，〈太史公怎樣蒐集和處理史料〉，《書目季刊》七卷四期。張大可等主編，《史記教程》〈第五章《史記》取材及司馬遷所見書考〉。潘重規，〈史記導論（上）（中）（下）〉（史記材料來源），《大陸雜誌》附錄，〈史記資材〉。

第二節　《史記》內容五體百三十篇

《史記》一書包含〈本紀〉、〈表〉、〈書〉、〈世家〉、〈列傳〉五體，共一百三十篇。

《史記》〈太史公自序〉：

上記軒轅，下至于茲，著十二本紀，作十表、八書、三十世家、七十列傳，凡百三十篇。

茲簡表《史記》內容如下：

體例別	卷數	篇目（舉例）
本紀	一二	〈五帝〉、〈夏〉、〈殷〉、〈周〉、〈秦〉、〈秦始皇〉、〈項羽〉、〈高祖〉、〈呂太后〉、〈孝文〉、〈孝景〉、〈孝武（今上）〉等本紀。
表	一〇	〈三代世表〉、〈十二諸侯年表〉、〈六國年表〉、〈秦楚之際月表〉、〈漢興以來諸侯王年表〉、〈高祖功臣侯者年表〉、〈惠景間侯者年表〉、〈建元以來侯者年表〉、〈建元以來王子侯年表〉、〈漢興以來將相名臣年表〉。
書	八	《禮書》、〈樂書〉、〈律書〉、〈曆書〉、〈天官書〉、〈封禪書〉、〈河渠書〉、〈平準書〉。
世家	三〇	〈吳太伯世家〉、〈魯周公世家〉、〈越王勾踐世家〉、〈孔子世家〉、〈陳涉世家〉、〈蕭相國世家〉、〈曹相國世家〉、〈留侯世家〉、〈陳丞相世家〉、〈絳侯周勃世家〉等。
列傳	七〇	〈伯夷列傳〉、〈管晏列傳〉、〈老子韓非列傳〉、〈孫子吳起列傳〉、〈仲尼弟子列傳〉、〈商君列傳〉、〈蘇秦列傳〉、〈張儀列傳〉、〈孟子荀卿列傳〉、〈孟嘗君列傳〉、〈平原君虞卿列傳〉、〈魏公子列傳〉、〈春申君列傳〉、〈樂毅列傳〉、〈廉頗藺相如列傳〉、〈田單列傳〉、〈屈原賈生列傳〉、〈呂不韋列傳〉、〈李斯列傳〉、〈蒙恬列傳〉、〈淮陰侯列傳〉、〈扁鵲倉公列傳〉、〈李將軍列傳〉、〈衛將軍驃騎列傳〉、〈司馬相如列傳〉、〈儒林列傳〉、〈貨殖列傳〉、〈太史公自序（傳）〉等。

一、十二本紀

《史記索隱》：紀者記也，本其事而紀之，故曰本紀。

《史記正義》引裴松之史目云：天子稱本紀，本者，繫其本系故曰本；紀者，理也；統理眾事，繫之年月，名之曰紀。

劉知幾《史通》〈本紀〉：蓋紀之爲體，繫日月以成歲時，書君上以顯國統。

《史記》之十二本紀，依朝代先後排列；其中五帝、夏、殷、周、秦五篇，以朝代爲篇名；秦始皇、高祖、呂太后、孝文、孝景、孝武六篇，用帝號作篇名；唯獨項羽以姓名爲篇名。

1.〈五帝本紀〉

爲黃帝、顓頊、帝嚳、唐堯、虞舜五帝之本紀；以黃帝爲本紀首，確立中華民族之始祖，亦後世「正史」之本，「信史」或所依據；五帝聖賢愛民，爲後世政教典範，而堯舜禪讓天下，尤爲傳頌。

2.〈夏本紀〉

本篇述紀夏禹治山導水分州定賦之功，詳於〈禹貢〉，德流苗裔；夏桀淫驕而亡。

3.〈殷本紀〉

殷商時代歷史因近人於殷墟甲骨文之發現，亦爲信史發端之一；商湯盛德，武丁得傅說，至帝紂湛湎致亡，爲後世炯戒。

錢穆《國史大綱》〈殷代帝系及年曆〉略曰：「《史記》所記載，乃爲殷墟甲骨文字所證實；且所載夏代古史，亦提高其可信地位。」

4.〈周本紀〉

文王西伯，仁德慈賢；武王牧野誓師，安撫天下，周公制禮樂，垂萬事；幽厲昏庸，先喪酆鎬（西周），至赧王，洛邑（東周）不保。

5.〈秦本紀〉

秦原僻居西陲，比之戎狄；及孝公用商鞅變法，內修耕農，外以賞罰，樹立富國強兵基石；後向東發展，以關中沃野之地，物產豐饒，足食足兵，卒能席捲天下，滅六國而一統。

6.〈秦始皇本紀〉

始皇廢封建，行郡縣，用李斯統一文字、貨幣、度量衡。行中央集權尊號皇帝，焚書坑儒，定一尊於朝廷之君主專制；築萬里長城，不稍體恤，不惜民命，趙高用事，天下畔怨，是故戎卒一呼，山東響應，二世受運，子嬰降漢，秦乃滅亡。贊取賈誼〈過秦論〉責秦：「一夫作難而七廟隳，身死人手，爲天下笑者，何也？仁義不施而攻守之勢異也。」

7.〈項羽本紀〉

本紀逕以「項羽」為篇名，與夏、殷、周用國號，始皇、高祖用廟號，孝文、孝景用諡號者不同，以其徒有天子之威勢，然殘暴而不仁德，故矣。

唯史公捨義帝不用而立之〈項羽本紀〉，乃不依成敗論，是直筆記實，為獨創義法。

項羽二十四歲起兵，二十七歲入咸陽，稱西楚霸王，阬秦卒二十萬人，屠咸陽，殺子嬰，燒宮室，殺義帝，剛愎驕狂，知暴力而不積德，至三十一歲兵敗，自刎烏江敗亡，仍未覺悟。其興正像洶湧，其敗恰如雪崩。

太史公曰：

> 羽，何興之暴也！夫秦失其政，羽非有尺寸，乘勢起隴畝之中，將諸侯滅秦；封天下王侯，政由羽出，號為「霸王」，位雖不終，近古以來未嘗有也。及羽背關懷楚，放逐義帝而自立，自矜攻伐，奮其私智而不師古，欲以力征天下，卒亡其國，身死東城，尚不覺寤而不自責，過矣。乃引「天亡我，非用兵之罪也」，豈不謬哉！

本紀中，「鴻門宴」一段，描繪人物栩栩如生，驚心動魄情勢，躍然字裏行間，為一細膩精彩而傳頌久遠之至文史實。又，垓下帳中哀歌，忼烈纏綿，悲憤低迴，書英雄末路之淒涼，感慨萬千。

8.〈高祖本紀〉

此紀前半篇記與項羽爭天下，後半篇述剷平反者而安天下；而大風歌「大風起兮雲飛揚，威加海內兮歸故鄉，安得猛士兮守四方」，為高祖還歸沛鄉，召故人父老子弟縱酒樂飲即興之作，壯富帝王氣象，亦有英雄晚年悲涼感慨。（註一二）

本紀尤宜與前紀〈項羽本紀〉參讀，是故，凌稚隆《史記評林（卷之八）》云：「茅坤曰，讀〈高祖紀〉，須參〈項羽紀〉，兩相得失處一一入手」；以比較高祖勝出，項羽敗亡之歷史「資鑑」而昭炯戎：

(1)高祖知悉統御，從善如流，故蕭何、張良、陳平、周勃等歸漢從行；項羽有一范增而不能重用，妬忌賢能；此成敗之一因。

(2)高祖仁慈寬大，除秦苛法，安撫關中，仁義百姓，心悅誠服，「秦民大喜，唯恐沛公不為秦王」；不似項羽殘暴，坑秦卒，燒秦宮室，二因也。

(3)高祖自少有統一天下大志，觀秦始皇出巡，曰：「大丈夫當如是也。」不像項羽只知割裂天下封十八諸侯，隨即衣錦東歸以炫耀宗里，不知都關中王天下，三因也。

(4)漢王據巴蜀漢中，都關中地理要塞優勢；不似項羽無遠略，棄關中而立於彭城，鞭長莫及，四因也。

(5)漢王至咸陽，蕭何獨先入收秦律令圖書而知掌握天下機要關塞，曉民間戶口疾苦；不

註一二：請參閱曾永義教授，〈漢高祖的大風歌〉，《幼獅月刊》，四四卷三期，六五年九月。

似項羽屠燒咸陽，只知收其貨寶婦女而東，五因也。

(6)項羽剛愎恃力輕狂急戰，然漢王以持久戰，又令蕭何守關中敖倉，運漕後援漢軍，轉弱爲勝，六因也。

(7)項羽只知「鬥力」自矜攻伐，奮其私智，驕急狂傲；漢王善於「鬥智」，長以反間奇計游擊戰術，分裂項王與謀臣心思（如「鴻門宴」上，得張良運籌使范增謀殺劉邦失敗而曰奪天下者必沛公也；又如使用陳平奇計，以惡食予項王使者而離間項王與范增，增怒曰，天下事大定矣，君王自爲之。），四面楚歌，擾亂項營軍心，七因也。

(8)高祖善於利用龍蛇雲氣珍怪異驗，資蔭營造真命天子傳說附會；以柔克剛，博取游士群眾之信仰隨從，八因也。（註一三）

9.〈呂太后本紀〉

呂太后者，高祖皇后呂雉也；本紀先敘「孝惠日飲，爲淫樂，不聽政」，呂太后以女主臨朝，自孝惠崩後立少帝而稱制；次敘廢劉氏，王呂（祿、產）；再敘周勃、陳平等功臣爲劉氏報不平而諸呂遭誅，此可垂後世女后炯戒也。瀧川資言《史記會注考證（卷九）》認爲史遷捨惠帝而紀呂太后，以當時政治實際主政者之政令所出而紀實也。

註一三：參閱吳福助教授，《史記題解》，頁一八——一九；湯承業，〈論劉邦所以戰勝項羽〉，《新時代》，一三卷五期，頁一九——二三。

郭嵩燾《史記札記》引《索隱》言，以呂太后臨朝稱制，合附〈孝惠帝紀〉而論之（可矣），不然，或依班（固）氏分爲二紀焉。

10.〈孝文本紀〉

孝文帝乃高祖中子，立爲代王，寬厚仁孝，大臣迎立爲天子。在位二三年，休養生息，勸農桑，減租賦，醇和化民，海內殷富，刑罰大省，除去肉刑，天下歸心。

本紀詳登文帝詔令，藹然雅善，「親親長長，民胞物與」，真可垂範千秋萬世。

11.〈孝景本紀〉

〈太史公自序〉：

諸侯驕恣，吳首為亂，京師行誅，七國伏辜，天下翕然，大安殷富。

景帝三年正月，因晁（朝）錯刻削諸侯，吳王濞楚王戊等七國亂，上遣太尉周亞夫將兵誅平；景帝在位一六年，諸侯弱而王室以安；文景兩帝盛治，天下懷安，史稱「文景之治」。

12.〈孝武本紀〉

〈太史公自序〉：

漢興五世，隆在建元，外攘夷狄，內修法度，封禪，改正朔，易服色，作〈今上本紀〉第十二。

唯本篇只盡紀封禪一事，可知非史遷原作，蓋後人妄補也。

二十、表

《史記索隱》卷一三〈三代世表〉：

應邵云：表者，錄其事而見之。鄭玄云表，明也；謂事微而不著，須表明也，故言表。

劉知幾《史通》卷一六〈雜說（上）〉：

觀太史公之創表也，於帝王，則敘其子孫；於公侯，則紀其年月。雖燕越萬里，而於徑寸之內，犬牙可接；雖昭穆九代，而於方尺之中，雁行有序，使讀者閱聞便觀，舉目可詳，此其所以為快也。

表之作用有四：

(1)齊年：〈太史公自序〉：「並時異世，年差不明，作十表。」

(2)提要：表則提綱挈領，一目了然。

(3)匯總：紀傳主於分，表主於合，合則匯總，便於巡檢。

(4)省繁：凡人與事非要而不可缺者，見之於表，不必列於紀傳，則文省而事具。（註一四）

史之有表，創自《史記》，鄭樵《通志總序》：

註一四：吳福助，《史記題解》，頁二五。

史記一書，功在十表，猶衣裳之有冠冕，木水之有本原。

《史記》有十表，三代因年代久遠，故用「世表」；至秦楚之際，因事繁時促，特以「月表」，更較「年表」爲細矣。

1.〈三代世表〉

史公取〈五帝繫牒〉譜牒舊聞，略推敘五帝、作〈三代（夏、殷商、周）世表〉；以時代上古久遠，年紀不可考，故而用世表名篇。

2.〈十二諸侯年表〉

太史公讀《春秋曆譜牒》至周厲王，未嘗不廢書而歎也。蓋自周厲亡後，周室哀微，諸侯恣行，政由五霸，君臣綱紀壞失。

本表首先冠周於上，用尊王室；次魯，繼後爲齊、晉、秦、楚、宋、衛、陳、蔡、曹、鄭、燕、吳，實一三國而稱一二諸侯者，表本春秋義，以周、魯維綱紀，故不計魯也。或如《索隱》言：因賤夷狄而不數吳，又霸在後故也。

又序言因孔子而有《左氏春秋》、《虞氏春秋》、《呂氏春秋》，及董仲舒推《春秋》義，乃作此表。

3.〈六國年表〉

本表首周次秦，繼後有魏、韓、趙、楚、燕、齊等六國，以周、秦爲綱紀，而不數秦，故以六國名篇。

史公表序或曰：

「東方物所始生，西方物之成熟」；夫作事者必於東南，收功實者常於西北。故禹興於西羌，湯起於亳，周文王也以豐鎬伐殷，秦之帝用雍州興，漢之興自蜀漢。

觀之後世，晉都於洛陽，隋唐興於長安，宋起於汴京（開封），元明清皆都於北京，故曰：「收功實者常於西北」，信哉此言。（註一五）

4.〈秦楚之際月表〉

本表首列秦楚，次為項（氏）、趙、齊、漢、燕、魏、韓。

序言：

太史公讀秦楚之際，曰：初作難，發於陳涉；虐戾滅秦，自項氏；撥亂誅暴，平定海內，卒踐帝祚，成於漢家。五年之間，號令三嬗（陳涉、項氏、漢高祖），自生民以來，未始有受命若斯之亟也。

《史記索隱》：

張晏云：時天下未定，參錯變易不可以年紀，故列其月；今按秦楚之際，擾攘僭篡，

註一五：參閱劉偉民，《司馬遷研究》，頁一三〇，〈中國西北在歷史上的地位〉。

運數又促，故以月紀事，而名表也。

5.〈漢興以來諸侯王年表〉

此表紀高祖以來至武帝太初年間，諸侯王（如韓信、英布、盧綰、張耳、彭越、韓王信、吳芮等）之年表；表序云：「形勢雖彊，要之以仁義爲本。」

6.〈高祖功臣侯者年表〉

此表爲高祖紀勳，功臣膺籙，凡一四三人，包含高祖初定一八功臣（蕭何第一，曹參二，張耳子張敖三，周勃四，樊噲五……王陵十二）及陳平、韓信、陳豨。

史公表序：

居今之世，志古之道，所以自鏡也；觀所以得尊寵及所以廢辱，亦當世得失之林也。

7.〈惠景間侯者年表〉

此表記孝惠至孝景間之封侯者九十餘人，表列特贊長沙王吳芮世代：

長沙王者，著令甲，稱其忠焉；至孝惠時，唯獨長沙全，禪五世，為藩守職，信矣，故其澤流枝庶，當世仁義成功之著者也。

8.〈建元以來侯者年表〉

此表記武帝建元以來至太初年間侯者七十餘人，除公孫弘以丞相，石慶以丞相及先人萬石君積德謹行而侯外，其他皆以誅伐匈奴胡越朝鮮西域而封，有衛青、蘇建（蘇武父）、公孫賀、張騫、霍去病、路博德等。

9.〈建元已來王子侯者年表〉

武帝以主父偃上策，行〈推恩令〉分封子弟，假以推恩之名，實以分地而自削弱矣。王子侯者有河間獻王子、長沙定王子、江都易王子、菑川懿王子、中山靖王子、廣川惠王子、代共王子、魯共王子等。

史公表序：

制詔御史：「諸侯王或欲推私恩分子弟邑者，令各條上，朕且臨定其號名。」太史公曰：盛哉，天子之德！一人有慶，天下賴之。

10.〈漢興以來將相名將年表〉

《史記》十表中，有序者九，獨此表不序一字，與其他異，故知非史公之手，而為後人補續。

此表記漢興以來丞相、太尉（將）、御史大夫年表，計有蕭何、曹參、王陵、陳平、周勃、公孫弘；周亞夫、衛青、霍去病、李廣、張騫、蘇建、路博德、李廣利；周苛、周昌、張蒼、申屠嘉、晁（朝）錯、田蚡、卜式、兒寬等。

三、八書

《史記索隱》：

書者，五經六籍總名也。此之八書，紀國家大體，班氏（固）謂之志，志亦記也。

故知書乃記國家之政書典章文物制度。

鄭樵《通志‧總序》云：

江淹有言，修史之難，無出於志；誠以志者，憲章之所繫，非老於典故者，不能為之；不比紀傳，紀以年包事，傳以事繫人，儒學之士，皆能為之，惟有志難。

1.〈禮書〉

談禮義教化，此篇記三代以降，禮之因革損益及漢興以來禮儀，如高祖時，叔孫通頗有增益減損。末段，太史公曰：

至矣哉！天下從之（禮）者治，不從者亂；從之者安，不從者危……故厚者，禮之積也；大者，禮之廣也；高者，禮之隆也；明者，禮之盡也。

2.〈樂書〉

〈太史公自序〉云：

樂者，所以移風易俗也；人情之所感，遠俗則懷，比樂書以述來古，作樂書。

今上（武帝）獲神馬，作〈天馬之歌〉；後李廣利伐大宛，得汗血馬，作〈西極天馬之歌〉。太史公曰：

> 凡音者，生人心者也；情動於中，故形於聲；是故治世之音安以樂，其正和；大樂與天地同和，四海之內合敬同愛矣。樂者，其感人深，其風移俗易，故先王著其教焉。夫樂者，樂也。人情之所不能免也；故歌之為言也，長言之也；言之不足，故長言之；長言之不足，故嗟歎之；嗟歎之不足，故不知手之舞之足之蹈之。

3.〈律書〉

〈太史公自序〉：

> 非兵不彊，非德不昌；黃帝、湯、武以興，桀、紂、二世以崩，可不慎歟？司馬（兵）法所從來尚矣；太公（望）、孫（子）、吳（起）能紹而明之，作〈律書〉。

故知史公原本多言「兵」，即此篇本名〈兵書〉，張晏曾及見古舊原本，故稱之〈兵書〉。篇首：「兵者，聖人所以討彊暴，平亂世，夷險阻，救危殆。」故太史公曰：文帝時，會天下新去湯火（塗炭），人民樂業，百姓遂安；孔子所稱有德君子者也。

4.〈曆書〉

武帝太初元年，史公與公孫卿、壺遂上言歷紀壞廢，宜改正朔，乃依武帝詔令修訂「太初曆」。

王鳴盛《十七史商榷》：「自太初曆出，古曆皆廢」；王國維〈太史公行年考〉：「（太初元年）改曆之議發於公，而始終總其事者亦公也；蓋公爲太史令，星曆乃其專職，此亦公之一大事業也。」

《史記索隱》述贊曰：

曆數之興，其來尚矣，推步天象疇人（曆算官）順軌，敬授之方，履端為美。

5.〈天官書〉

〈太史公自序〉：

星氣之書，推其文，考其應，驗于軌度，作天官書。

本篇約分五節：首敘天極星、北斗七星、魁星文昌、織女星等星名；次節察日、月之行，專述五星行動；第三節言日蝕、月蝕；第四節談墜星殞石、雲氣及歲占；末節總論天變星象人事徵驗。史遷父司馬談掌天官，天官星象爲其家學師承，故史公能娓娓源本道來。

太史公曰：自生民以來，世主曷嘗不曆日月星辰？紹而明之，仰則觀象於天，俯則法類於地；天則有日月，地則有陰陽；天則有列宿，地則有州域；陰陽之精，氣本在地，而聖人統理之。

《史記索隱》述贊曰：

在天成象，觀文察變，其來自往，天官既書，太史攸掌，雲物必記，星辰可仰，應驗

> 無爽，至哉玄監。

李約瑟（Joseph Needham）《中國之科學與文明》（第五冊天文學）讚美：「司馬遷《史記》〈天官書〉，實爲中國古天文學中最重要的著作。」

6.〈封禪書〉

敘宗教祭天拜神，《史記正義》〈封禪書〉：

> 泰山上築土為壇以祭天，報天之功，故曰封；泰山下小山上除地，報地之功，故曰禪。

故知封於泰山而禪於梁父肅然山，稱之「封禪」。

封禪大典，興自秦始皇，而隆於漢武帝。武帝時方士最盛，假天以惑世，且武帝困於私慾誇功應符祥瑞，求仙降福，長生不死而甘受擺弄，此乃史公身歷目睹，故書寫詳細可信，亦直筆不諱皇上之貪癡愚昧。結尾，太史公曰：

> 余從巡祭天地諸神名山川而封禪焉，究觀方士祠官，退而論次用事於鬼神者，具見其表裏，後有君子，得以覽焉。

7.〈河渠書〉

談地理河渠水利，古代中國生活於黃河流域，水患莫大於河；然民間急需水利設施運輸；此篇以河爲經，以諸渠爲緯，計書河四（大禹導河、孝文塞河、河決瓠子、自臨決河）及蜀渠、魏渠等十二渠（註一六）。首言夏禹治水疏浚之功，次言蜀守李冰穿鑿離碓，灌溉行舟成都，百姓受其利；西門豹引漳水灌溉鄴縣，使魏爲之富庶。尤詳述今天子（武帝）之通渭、引汾水、穿洛水及塞決等功業，書寫皇上勵精圖治勤於愛民。尤其武帝所作「瓠子歌」，請來河伯施仁，人民得寧，宣房塞決而萬福來，有祈神保民憫惻之心。

史公又言「用事者爭言水利」，引河穿渠溉田，而其著者在宣房。太史公曰：甚哉，水之爲利害也！余從負薪塞宣房，悲瓠子之詩而作〈河渠書〉；是有深意微旨結語。

8.〈平準書〉

書財經政策；平準者，政府農官，盡收天下之貨物，貴即賣之，賤則買之。如此，富商大賈無以牟大利，則反本，而萬物不得騰踊；故抑天下物，稱曰「平準」。

史公書武帝窮兵黷武，連年出兵，討匈奴，伐南越，誅西羌，又興封禪巡遊開費，則國財用竭，因財耗則必興利而賈人進用矣，於是刻法酷吏，相與俱來，其弊乃現。夫自漢興至武帝七十餘年間，物盛則衰，時極而轉，固其變也。武帝窮兵，酷吏用法，史公蓋抒胸中不平也，又值歲旱，上令官求雨，史公又借忠厚卜式言曰：「亨（桑）弘羊，天乃雨。」以述弘羊徒興利之非也。

註一六：阮芝生，〈史記・河渠書析論〉，《台大歷史學報》，一五期，七九年一二月，頁六九—七〇。

四、三十世家

〈太史公自序〉：

二十八宿環北辰，三十輻共一轂，運行無窮，輔拂股肱之臣配焉，忠信行道，以奉主上，作〈三十世家〉。

劉知幾《史通》〈世家〉：

自有王侯，便置諸侯，……司馬遷之記諸國也，名為世家。世家之為義也，豈不以開國承家世代相續？

故世家體例，蓋記地方王侯諸國，股肱輔臣受命開國，子孫世代承襲相續之謂也。

1.〈吳太伯世家〉

吳太伯者，周太王之子而季歷兄也，知其父太王欲立季歷及其子昌，遂俯順父意，讓國而遁跡避去。

故太史公曰：孔子言太伯可謂仁義謙讓至德矣。

史遷推崇太伯讓德而置爲世家首篇，如同堯舜禪讓美德而置爲本紀第一，又如伯夷叔齊

互相禮讓遂隱去而置「列傳」首篇，蓋在表彰孝讓賢德矣。（註一七）

2.〈齊太公世家〉

齊太公者，周室功臣太公望呂尚，多兵謀奇計，建國於前，至管仲相齊桓公，尊王攘夷，九合諸侯，一匡天下，達於富強而創霸業，號稱「春秋五霸」之一。

篇末敘齊太史書曰：「崔杼弒（其君）莊公」史實，大義凜烈，足以讓亂臣賊子懼，留傳史冊，千秋長存。

3.〈魯周公世家〉

周公旦，周武王弟；武王沒，成王尚幼，周公代成王攝行政當國，經營成周洛邑，後還政於成王。

周公卒，子伯禽已前受封爲魯公。

魯國功在保存禮樂，昔吳使季札聘魯，請觀周樂，以盛德無以加而歎爲觀止。

魯國尚文崇禮，因周公、伯禽、孔子，諸侯各國咸推重之。

4.〈燕召公世家〉

燕召公姬姓，屬周之宗室功臣，爲燕之開國元勳，甚得國民愛戴，召公巡行，鄉邑有棠

註一七：參見劉偉民，《司馬遷研究》，頁三一三—三一四。

樹，政事其下。召公卒，人民思召公仁政而懷棠樹，不敢伐，歌詠之，作〈甘棠之詩〉。

本篇述及燕上將軍樂毅及燕太子丹壯士荆軻，另有傳。

太史公贊曰：召公可謂仁矣，甘棠（樹）且思之，況其人乎！可見召公之仁德功烈。

5.〈管蔡世家〉

管叔鮮、蔡叔度，周文王子，武王弟也。武王同母兄弟十人（武王發、管叔鮮、周公旦、蔡叔度、曹叔振鐸、霍叔處、康叔封等，唯武王發與周公旦賢，左右輔文王）。

文王崩，發立爲武王，武王克殷紂，平天下而封功臣昆弟；武王崩，成王年幼由周公旦專王室輔政，管叔蔡叔挾殷後武庚作亂，周公伐誅武庚，殺管叔，放蔡叔。

6.〈陳杞世家〉

陳，虞帝舜之後；杞，夏后禹之後；二世家皆甚微小國，其事本不足稱述，唯旨在稱揚古代賢君，頌贊舜禹功德。

太史公曰：陳滅而田常得政於齊；杞滅而後越王勾踐興，百世不絕，苗裔茲茲，蓋舜、禹之盛德矣。

7.〈衛康叔世家〉

衛康叔名封，武王周公弟也。周公既誅武庚之亂，以殷遺民封「康」叔爲「衛」君，故題曰「衛康」叔世家。

周公旦申告康叔，必求君子賢人長者且務愛民，告紂之所以亡，以淫於酒及近失婦人女色，乃爲〈康誥〉、〈酒誥〉、〈梓材〉（若梓匠施爲材），命勉康叔和集其民，民乃大悅，成王亦提舉康叔而章有德。

8.〈宋微子世家〉

微子開者，殷紂之庶兄也；箕子、比干，紂之親戚也。紂王沈湎於酒婦人而亂於政，箕子諫不聽，披髮佯爲奴，隱去；比干直諫，紂怒，殺比干，剖其心；微子數諫，紂不聽，遂去。

武王伐紂克殷，釋微子，復其位如故；微子仁賢，遺民愛戴。

太史公曰：孔子稱贊微子去之，箕子爲之奴，比干諫而死，殷有三仁焉。

9.〈晉世家〉

晉原爲周武王子，成王弟唐叔虞之國，因後遷徙晉水旁，更號曰晉。

至晉獻公時，因惑寵驪姬而公子爭立；子重耳出亡一九年（四三歲至六二歲），晚年得返入國爲晉文公，稱霸天下。

篇末述晉太史董狐直書「趙盾弒其君」史實，孔子聞之曰：董狐，古之良史也，書法不隱。

10.〈楚世家〉

篇首史公記曰：楚之先祖出自帝顓頊高陽，高陽者黃帝之孫，昌意之子也。楚地僻遠，偏於中原南域；唯至其盛時，竟能與秦、齊、晉併霸稱雄矣。楚君王以莊王最爲英明賢能，號爲五霸之一，至楚懷王則親近小人，陷放忠良，幾至亡國。

本篇末段敘秦將白起拔郢（楚都），至王翦破楚，虜楚王，滅楚改名楚郡。

11.〈越王勾踐世家〉

本篇只敘勾踐雪恥復國圖霸，故不書〈越世家〉而與他篇異，稱之〈越王勾踐世家〉。勾踐因辱會稽，屈己事仇，臥薪嘗膽，生聚教訓，賴范蠡與大夫種輔佐，得以滅吳洗恥，復北上中原，尊周室，霸諸侯，蓋留禹之餘烈，有述往事而宏揚史教之功用。

至若范蠡功成不居，乘舟浮於海至齊，自齊遺大夫種書曰：「蜚鳥盡，良弓藏；狡兔死，走狗烹；越王爲人，可與共患難，不可與共樂，子何不去？」後文種見讒而越王竟賜劍，種遂自殺，哀哉！

篇末，史公贊曰：范蠡三遷，皆有榮名，名垂後世。

歷史教人學道聰明不矜功，范蠡事亦史之「資鑑」教化作用也。

12.〈鄭世家〉

鄭之先祖爲周宗室，得封於鄭；地處中原要衝，介于晉、楚兩大之間而更事之；鄭爲小國，盟晉則楚伐，盟楚而晉討，幾無寧歲。

篇中贊敘鄭相子產之於鄭平公疾，子產論述不歸之鬼神加害君身，君疾乃飲食哀樂女色所生也。

子產爲人仁愛修德事君忠厚；及卒，鄭人哭泣悲之如亡親戚；孔子嘗過鄭，與子產如兄弟云，及聞子產死，孔子爲之泣曰：古之遺愛也。

13.〈趙世家〉

趙至武靈王時，因邊境北與胡人接壤，乃尙騎射，全民習武而嫻於軍事。

惠文王以趙勝爲相，封平原君，此時文臣有藺相如，武將有廉頗、趙奢，國勢仍盛。

至趙孝成王七年，中秦之反間，以趙括代替廉頗而致「長平之禍」，趙括軍降，卒四十餘萬慘遭秦坑之。

及趙王遷又用郭開，信讒而誅良將李牧，接連失計致敗。

趙王遷降，秦乃虜遷；六年之後，秦復進兵攻趙，滅之，趙以爲郡。

14.〈魏世家〉

魏之盛始於魏文侯，文侯受子夏經藝，遵儒禮賢，上下和合，任西門豹守鄴而稱治，以李克爲卿相，勵農桑，據法典，盡力耕戰，國因富強。

魏惠王時，東徙至大梁（開封），漸弱；卑禮厚幣以招賢人，鄒衍、孟軻皆至梁。梁惠王對曰：「將何以利吾國？」孟子曰：「君不可以言利若是，上下爭利，國則危矣。爲人君，仁義而已矣。」

至景湣王卒，子王假立，漸衰；三年，秦引河溝而灌大梁，城壞，王降，秦遂滅魏以爲郡縣。

15.〈韓世家〉

韓之先祖與周同姓姬氏，其後有韓厥者，從封姓爲韓氏。

韓昭侯八年，申不害任韓相，修術行道，國內以治。

至桓惠王卒，子王安立；五年，秦攻韓，韓急，使韓非使秦，秦留非，因殺之；九年，秦虜王安，盡入其地，爲穎川郡，韓亡。

太史公曰：韓厥之積陰德，使與趙、魏終爲諸侯十餘世，宜乎哉！益見史公處處彰顯表揚仁義道德而弘光史教於後人矣。

16.〈田敬仲完世家〉

陳完自陳避難來齊，以田爲氏，謚爲敬仲，故稱「田敬仲完」。

齊威王、宣王時，國勢興盛；威王嚴明刑賞，進用賢人，齊國大治；宣王喜文學游士，騶衍、淳于髡、慎到等列爲上大夫，使齊稷下學風大盛，成爲當時學術中心。

至齊湣王時，因驕縱遂爲燕將樂毅所敗，兵入臨淄，湣王出亡，後遇殺；其子立爲襄王，在莒五年，田單破燕復國，於莒迎襄王入臨淄。

襄王卒，子建立；王建三十五年，秦滅韓；三十七年滅趙；四十年，滅魏；四十二年，滅楚；四十三年，滅燕王喜；五國既已亡，秦軍遂入臨淄，四十四年，虜王建，齊降，遂滅，齊改爲郡，天下一併統於秦，秦王政立號爲皇帝。

17.〈孔子世家〉

孔子雖無公侯世位，然孔子祖述紹繼堯舜文武周公道統文化，道冠古今，德天配地，誠稱「萬世師表」，而其賢嗣至漢孔安國第十三世，（至孔德成奉祀官爲第七十七代世孫），皆富學術功勳，俎豆馨香，世世不絕，故史公特以變例〈世家〉顯之，不爲〈列傳〉，蓋史公之宏見史識也。

唐代《史記索隱》〈孔子世家〉：

孔子非有諸侯之位而亦稱系（世）家者，以是聖人為教化之主，又代有賢者，故亦稱系（世）家焉。

《史記正義》：

孔子無侯伯之位而稱世家者，太史公以孔子布衣傳十餘世，學者宗之，可謂至聖，故為世家。

唯宋代王安石非之，〈孔子世家議〉：

太史公列孔子為世家，其進退無所據耶？孔子無尺寸之柄，列之以「傳」宜矣，曷為世家哉？遷也，自亂其例。（註一八）

清・王鳴盛《十七史商榷》卷四，〈史記四〉：

以孔子入世家，推崇已極，亦復斟酌盡善。王介甫（安石）妄譏之，不識古人貴貴尚爵之意。

趙翼《陔餘叢考》卷五〈史記三〉：

孔子無公侯之位，而史記獨列於世家，尊孔子也。

篇末，太史公曰：

詩有之：「高山仰止，景行行止」。雖不能至，然心嚮往之。余讀孔氏書，想見其為人。適魯，觀仲尼廟堂車服禮器，諸生以時習禮其家，余祇迴留之不能去云。天下君王至於賢人眾矣，當時則榮，沒則已焉。孔子布衣，傳十餘世，學者宗之，自天子王侯，中國言六藝者折中於夫子，可謂至聖矣！

18.〈陳涉世家〉

陳勝，字涉，以平民適戍，會天大雨，失期當斬，乃與吳廣起兵，自立爲楚王，歷六月

註一八：王安石，《王安石文集》，卷四十六，頁一六七，河洛出版社，六十三年十月，台影印初版。

（秦二世元年七月至十二月）遭其御莊賈殺以降秦；既無子孫以世其家，又無仁德以傳後世，不足以稱「世家」；然秦既久失其政，而陳勝首發難，其所置遣侯王將相，後竟亡秦，至高祖時爲其置守冢三十家碭，至今血食；故史公以變例書之「世家」，於〈太史公自序〉中，以陳涉發難比擬湯武王之伐桀、紂與周失其道而孔子作《春秋》，極意推崇其發跡作難，使風起雲湧，卒而亡秦。

篇末，引賈誼〈過秦論〉：

> 陳涉，甿隸之人而遷徙之徒……揭竿為旗，天下雲會響應，贏糧而景從，山東豪俊遂並起而亡秦族矣。……一夫作難而七廟墮，身死人手，為天下笑者，何也？仁義不施，而攻守之勢異也。

19.〈外戚世家〉

外戚指后妃娘家之父兄子弟，其「家」受封而「世」代相續。

本篇敘呂后（高祖后）、薄太后（高祖姬、文帝母），竇太后（文帝后），王太后（景帝后、即王美人、武帝母），衛皇后（武帝后衛子夫，生男名據，戾太子也；弟衛青，姊衛少兒，少兒子霍去病；貴震天下，天下歌之曰：生男無喜，生女無怒，獨不見衛子夫霸天下！）等五世家，其中，呂后貴外家，王諸呂，呂祿、呂產謀作亂，大臣征滅之；薄氏侯者一人，竇氏、王氏凡三人，衛氏凡五人，可見外戚之寵，由漸而盛矣。

篇首，史公序曰：自古受命帝王及繼體守文之君，非獨內德茂也，蓋亦有外戚之助焉。故《易》基乾坤，《詩》始關雎，夫婦之際，人道之大倫也；陰陽之變，萬物之統也，可不慎與？

20.〈楚元王世家〉

楚元王劉交，高祖少弟也。

高祖兄弟四人，長兄劉伯，早卒；次兄王仲，高祖封為代王。

高祖六年，禽楚王韓信，以弟劉交為楚王，都彭城；孫劉戊為楚王時，與吳王等七國謀反，景帝令漢將周亞夫征戰，吳王走，楚王戊自殺，叛軍降漢。

篇末，太史公曰：「安危在出令，存亡在所任」，誠哉是言。

21.〈荊燕（王）世家〉

荊王劉賈與燕王劉澤為劉氏輕疏遠屬也，得封而合敘。

漢六年，高祖廢楚王韓信，詔立劉賈為荊王，弟劉交為楚王，子劉肥為齊王。

高帝十一年，劉澤以將軍進擊陳豨謀反，封侯；太后崩，諸將相迎立代王為天子（文帝），乃徙澤為燕王。

22.〈齊悼惠王世家〉

齊悼惠王劉肥，高祖長庶男，高祖六年，立肥為齊王，食七十城，封為大國。文帝時，於齊之外，又王悼惠王諸子：劉志爲濟北王，辟光爲濟南王，劉賢爲淄川王，劉卬爲膠西王，雄渠爲膠東王，劉章爲城陽王。

太史公曰：諸侯大國無過齊悼惠王；以海內初定，子弟少，故大封同姓，以塡萬民之心；及後分裂，固其理也。

23.〈蕭相國世家〉

蕭相國何，沛豐人；高祖爲布衣時，何數以吏事護高祖；爲亭長，常左右之；高祖以吏繇咸陽，吏皆送奉錢三，何獨以五。

沛公至咸陽，蕭何獨先入收律令圖書藏之；爲漢王，以何爲丞相；荐進韓信爲大將軍；漢王引兵東進三秦，何丞相留收巴蜀安撫，轉漕給軍食不乏；漢五年，既殺項羽，定天下，蕭何功最盛，位次第一。

蕭何爲家不治垣屋，平素恭謹謙抑，曰：「後世賢，師吾儉；不賢，毋爲勢家所奪。」篇末，太史公贊曰：漢興，何謹守管籥，淮陰（韓信）、黥布等皆以誅滅，而何之勳爛焉，位冠羣臣，聲施後世。

蕭何虛己免禍，幸保令終，足爲伐功矜能功臣炯戒，亦世人之所資鑑矣。

24.〈曹相國世家〉

曹參，沛人；沛公初起，參以中涓（小官名）從；沛公爲碭郡長，將碭郡兵，升遷參爲戚公（戚縣令）。

其後從攻，西向武關、嶢關（藍關），大破秦軍，遂入咸陽。項羽至，以沛公爲漢王，漢王封參爲侯，至漢中，遷爲將軍，從還定三秦；漢五年，項籍（羽）自刎，天下定，漢王爲皇帝。高祖六年，賜爵列侯，與諸侯剖符，世世勿絕。惠帝元年，參爲齊丞相，見蓋公，循用黃老治術，齊大安，稱賢相。二年，蕭何薨，參代之爲相國，舉事無所變更，一遵蕭何，守而勿失，清淨民寧，稱之「蕭規曹隨」。

太史公贊曰：曹參攻城野戰之功多而且大，爲漢相國，清靜無爲，與民休養生息，極合黃老治道，故天下俱稱其美。

25.〈留侯世家〉

留侯者，張良也。爲漢高祖策士大臣，屢進謀畫計策，如：先入關，進咸陽，秦王子嬰降沛公；勸還霸上，邀項伯（項伯常殺人，從張良匿）以是沛公得脫鴻門；燒絕棧道，項王竟以此無西憂漢心，而項羽攻齊，漢得以還定三秦；漢卒以能取天下。項羽既敗亡，漢六年，封功臣；帝曰：「運籌策帷幄中，決勝千里外，子房功也。」乃封張良爲留侯。勸封雍齒，安定軍心使不怨反；勸都關中沃野千里關塞要地，皆運籌制勝策畫而繫劉漢之勝敗安危。

晚年，與帝從容言天下事，曾向帝曰：「以三寸舌爲帝者師，封萬戶，位列侯，此布衣之極，於良足矣，願棄人間事，欲從赤松子（道家神仙）游耳。」後八年，良薨。

張良謙抑學道，得全身而退，明哲保身，亦足以資鑑效法矣。

篇末，太史公引高帝讚言：「運籌帷幄之中，決勝千里之外，吾不如子房。」張良之神算運籌，史贊「漢初三傑」之一，誠哉！

26.〈陳丞相世家〉

陳丞相者，陳平也；足智多奇謀佐高祖安定天下。

陳平奇謀妙計者如：以黃金縱反間於楚軍，離間項羽與鍾離眛；進太牢食具再易以粗食予楚使，離間項王與亞父范增；夜出女子二千人滎陽城東門，乃與漢王從西門出；設計高帝僞遊雲夢而縛韓信；奇計獻單于閼氏而使高帝得脫匈奴平城之圍困等。

孝惠帝六年，相國曹參薨，陳平爲左丞相；王陵爲右丞相，至王陵免丞相，呂太后升遷陳平爲右丞相；至孝文帝時，周勃謝病請免相，陳平專爲一丞相；文帝二年，陳丞相薨。

太史公贊曰：陳丞相好黃老治術，常出奇計，救紛糾之難，振國家之患；及呂后時，事多故矣，然平竟自脫，定宗廟，以榮名終，稱賢相，豈不善始善終哉！非知謀孰能當此者乎？

27.〈絳侯（周勃）世家〉

絳侯周勃，沛人；沛公初起，以中涓從攻；沛公爲碭郡長，任勃爲虎賁（縣）令，從擊秦王離、趙賁軍，破關，入咸陽。

項羽至，以沛公爲漢王，從入漢中，拜爲將軍，還定三秦；轉擊項羽，羽自剄垓下。又從高帝擊反者燕王藏荼，破之易下；賜爵列侯，剖符世世勿絕，食絳（縣邑），號絳侯。以將軍從高帝擊反韓王信於代，破之，勃遷爲太尉。擊陳豨、韓信軍，破之；擊反燕王盧綰，下薊。

高后崩，呂祿上將軍、呂產相國秉漢權，欲危劉氏，勃與丞相陳平謀，卒誅諸呂而立孝文皇帝。

文帝立，以勃爲右丞相；孝文帝十一年，勃薨。

文帝擇絳侯勃子賢者亞夫，封爲條侯，續絳侯後。

孝景三年，吳楚反，亞夫以太尉東擊吳楚七國之亂，攻守三月，平定吳楚。五歲，升遷爲丞相；尋因違忤帝后而謝病免相；後遭冤反，不食，嘔血餓死，國除。

太史公曰：絳侯周勃匡國家難復之乎正，雖伊尹、周公，何以加哉！亞夫之用兵，持威執堅，穰且曷有加焉！足已而不學（古人虛己），守節而（不體權變）以謙遜，終於窮困屈辱，悲夫！

28.〈梁孝王世家〉

梁孝王劉武，孝文帝暨竇太后之子也，爲孝景帝同母弟。

竇太后愛之，賞賜不可勝數，府庫金錢百巨萬，珠玉寶器多於京師。

梁孝王入朝，以太后親故，入則侍景帝同輦，出則同車游獵，射禽獸上林中。

上廢栗太子，竇太后心欲以孝王爲後嗣，大臣及袁盎等以不得行而上曰景帝；梁王因怨袁盎及議臣十餘人；皇上由此怨疏梁王，不同車輦矣。嗣後，梁王忽忽不樂，薨，謚曰孝王。竇太后哭極哀，不食，曰：帝殺吾子！景帝哀懼，乃分梁爲五國，盡立孝王男五人爲王，女五人皆食湯沐邑，奏之太后，乃悅。

太史公曰：梁孝王雖以親親之故，王膏腴之地，然會漢家隆盛，百姓殷富，故能植其財貨，廣宮室，車服擬於天子；然亦僭矣。

29.〈五宗世家〉

孝景帝有子十四，一爲武帝，餘十三子爲王，乃栗姬、程姬、賈夫人、唐姬、王夫人兒姁等五母所生，爲宗親，故曰「五宗世家」。其中，較可述者有：

河間獻王劉德，栗姬子，好儒學，山東諸儒多從之游。

魯共王劉餘，程姬子，好治宮室苑囿狗馬。

江都易王劉非，程姬子，好氣力，治宮觀，招四方豪傑，甚驕奢。

膠西于王劉端，亦程姬子，爲人賊戾，又陰（陽）痿，一近婦人，病之數月，而有愛幸少年爲郎；郎者與後宮亂，端禽滅之。

趙王劉彭祖，賈夫人子，巧佞卑諂，刻深擅權，詭辯而中傷人，多內寵姬。

中山靖王勝，亦賈夫人子，爲人樂酒，淫聲色。

常山憲王劉舜，王夫人兒姁子，驕怠多淫，數犯禁，卒，子勃立爲王；勃私姦、飲酒、博戲，與女子載馳，環城過市，入牢視囚。

五宗諸子，多驕奢淫暴，自作孽，遂敗滅，可爲後世警惕炯戒者。

30.〈三王世家〉

此篇敘述張湯、莊青翟等羣臣再三奏請皇上（武帝）封立三子：齊王劉閎、燕王劉旦、廣陵王劉胥。

皇上一再恭讓而終於元狩六年制曰：可。於是使御史大夫張湯封策立廟。

〈齊王封策〉略謂：

> 朕承祖考，維稽古建爾國家，封于東土，世為漢藩輔。悉爾心，允執其中，保國愛民。

〈燕王封策〉略曰：

> 朕承祖考，維稽古建爾國家，封于北土，世為漢藩輔。悉爾心，毋俷〔廢〕德，毋廢（武）備，保國愛民。

〈廣陵王封策〉略云：

> 朕承祖考，維稽古建爾國家，封于南土，世為漢藩輔。悉爾心，戰戰兢兢，乃惠乃順，維法維則，保國愛民。

太史公曰：古人有言「愛之欲其富，親之欲其貴」，故王者封立子弟，所以褒親親，尊先祖，廣同姓於天下也，是以形勢彊而王室安；然封立三王，天子恭讓，羣臣守義，文辭爛然，甚可觀也，是以附之世家。

五、七十列傳

〈太史公自序〉：

扶義俶儻，不令己失時，立功名於天下，作七十列傳。

《史記索隱》〈伯夷列傳〉：

列傳者，謂敘「列」人臣事跡，令可「傳」於後世，故曰列傳。

《史記正義》：

其人行跡可序列，故曰列傳。

劉知幾《史通》〈列傳第六〉：

夫紀傳之興，肇於《史》《漢》；蓋紀者，編年也；傳者，列事也。編年者，歷帝王之歲月；列事者，錄人臣之行狀。

故知列傳在記將相公卿人臣之事跡行狀，可流傳於後世者也。

《史記》〈列傳〉凡七十篇，包舉各類人物（將相名臣文人、學術家、養士、醫者、清高隱士、四域之人等）列事，傳爲文章。

章學誠《文史通義》〈永清縣志政略序例〉：

列傳包羅鉅細，品藻人物……具人倫之鑒，盡事務之理，懷千古之志，擷經傳之腴，發為文章；馬班之才，盡於列傳也。

列傳體例，有專傳、合傳、附傳、類傳四種。

專傳：專敘一人之傳，如〈商君列傳〉、〈蘇秦列傳〉、〈張儀列傳〉、〈孟嘗君列傳〉、〈魏公子（信陵君）列傳〉、〈春申君列傳〉、〈樂毅列傳〉、〈田單列傳〉、〈呂不韋列傳〉、〈李斯列傳〉、〈蒙恬列傳〉、〈淮陰侯列傳〉、〈李將軍列傳〉、〈司馬相如列傳〉等。又有，「專」敘某一區域「夷戎蠻狄」人種之「傳」，如匈奴、南越、東越、朝鮮、西南夷、大宛列傳者。

合傳：兩人或二人以上合敘之傳，如〈伯夷（叔齊）列傳〉、〈管晏列傳〉、〈老子韓非列傳〉、〈孫子吳起列傳〉、〈仲尼弟子列傳〉、〈白起王翦列傳〉、〈孟子荀卿列傳〉、〈平原君虞卿列傳〉、〈廉頗藺相如列傳〉、〈魯仲連鄒陽列傳〉、〈屈原賈生列傳〉、〈劉敬叔孫通列傳〉、〈袁盎晁錯列傳〉、〈扁鵲倉公列傳〉、〈衛將軍驃騎列傳〉、〈淮南衡山列傳〉、〈汲鄭列傳〉等。

附傳：「附」記於他「傳」之人物傳，稱之；如〈白起王翦列傳〉附蒙恬、王賁、王離之傳，〈孟子荀卿列傳〉附騶衍、慎到、公孫龍、墨翟等人之傳，〈呂不韋列傳〉附有嫪毒之傳，〈蒙恬列傳〉附趙高、蒙驁、蒙武、蒙毅之傳，〈太史公自序（傳）〉附有司馬談之傳等。

類傳：以「類」相從之「傳」，如〈刺客列傳〉、〈循吏列傳〉、〈儒林列傳〉、〈酷吏列傳〉、〈游俠列傳〉、〈佞幸列傳〉、〈滑稽列傳〉、〈日者列傳〉、〈龜策列傳〉、〈貨殖列傳〉等。

1.〈伯夷列傳〉

孔子曰：「伯夷、叔齊，不念舊惡，怨是用希。」「求仁得仁，又何怨乎？」

伯夷、叔齊，孤竹君之二子也。父欲立叔齊；及父卒，叔齊讓伯夷，伯夷曰：「父命也。」遂去；叔齊亦不肯立而逃之。伯夷以父命而讓國奔義，又其義在不食周粟，餓以終死，矢志不渝也。

史公引孔子之言：「歲寒，然後知松柏之後凋」，而謂舉世混濁，清士乃見。（註一九）

〈太史公自序〉贊曰：

末世爭利，維彼奔義；讓國餓死，天下稱之；作〈伯夷列傳第一〉。

2.〈管晏列傳〉

註一九：阮芝生，〈伯夷列傳析論〉，《大陸雜誌》，六二卷三期，七十年三月，頁一三五。

本篇首敘管仲與鮑叔牙深交，管仲曰：「生我者父母，知我者鮑子也。」鮑叔牙荐進管仲予齊桓公，任政相齊，九合諸侯，一匡天下，齊因富國強兵，成為五霸之一。後百餘年，齊有晏嬰為相，節儉力行，食不重肉，妾不衣帛，危言慎行，景公以治。本篇大要於結交推廣及行事治術，太史公曰：吾讀《管氏》及《晏子春秋》，既見其書，欲觀其事，故次其傳。

3.〈老子韓非列傳〉

本篇兼敘莊子、申不害，四人合傳。

老子，楚苦縣人，姓李，名耳，字聃，修道德，其學以無名為務，深藏若虛，盛德若愚，著《道德經》，主清靜無為而民自化。

莊子，蒙人，名周；「其學，要本歸於老子之言」，著書率多寓言，洸洋自恣以適己，以明老子之術。

申不害為韓昭侯相，內修政教，國治兵強；「其學，本於黃老而主刑名。」著書號曰《申子》。

韓非，韓公子也；「喜刑名法術之學，而其歸本於黃老」，以為儒者用文亂法，俠者以武犯禁；與李斯俱事荀卿，著作〈說林〉、〈說難〉、〈孤憤〉、〈內外儲〉、〈五蠹〉等，今稱《韓非子》；唯竟終死於秦，不能自脫。

太史公曰：老子貴道虛無，因變無爲；莊子放論自然；申子循名責實；韓子引繩墨，明是非，唯慘刻少恩。

4.〈司馬穰苴列傳〉

司馬穰苴，齊田完苗裔，景公時爲大司馬，故稱司馬穰苴。

晏嬰推荐兵家田穰苴予景公，以爲將軍，拒抗燕晉之師；景公寵臣監軍莊賈，素驕貴，臨軍失期後至，當斬；穰苴遂斬之以立軍威，三軍振慄，景公得報，遣使者持節救赦；穰苴曰：「將在軍，君令有所不受。」君使不可殺，而斬其僕。晉燕之師聞之，北去罷解。回師入邑，景公與諸大夫郊迎，尊爲大司馬，田氏益尊於齊。

5.〈孫子吳起列傳〉

本篇爲兵法家孫武、吳起合傳，孫武世裔孫臏附見於傳。

孫武（子），齊人，以兵法見於吳王闔廬，試兵，三令五申，不聽約束而斬王之寵姬，知孫子能用兵，以爲將，西破強楚，北威齊晉，顯名諸侯。

孫武死後百餘年有世孫孫臏，龐涓事魏，陰使召孫臏，恐賢於己，以法刑斷其兩足而黥之，欲其隱勿見。其後，臏以奇計使齊軍大勝，魏軍大敗，龐涓自剄。

吳起，好用兵；爲人慘刻猜忍，殺妻就名求將，齧臂盟誓絕母；楚悼王聞吳起賢，用爲相，嚴明法令，撫養戰士，要在強兵富國，竟引發楚之貴戚欲害吳起；及悼王崩，宗室作亂而擊殺吳起。

太史公曰：世俗師旅，皆道《孫子（兵法）十三篇》；孫臏籌策龐涓明矣；吳起以刻暴少恩行之於楚，竟亡其軀，悲夫！

6.〈伍子胥列傳〉

伍子胥，名員，楚人；父伍奢，兄伍尚。

伍奢因讒言而爲楚平王囚殺，子胥奔吳，爲報父仇投報吳王。

吳王闔廬得子胥、孫武之謀，西破強楚，北威齊晉，南服越人。

吳兵既入楚都郢城，子胥竟掘楚平王墓而鞭其屍；又兵久留楚，申包胥乃告急求救於秦，七日七夜號哭立於秦廷，秦憐之，乃救楚擊吳。

闔廬崩，子夫差立；因太宰嚭之讒言，吳王使使賜子胥劍，子胥仰天而嘆後自剄死。

子胥爲父報仇，以吳兵伐楚，或情有可原；唯兵久留不退，必至申包胥因急，哭求以借外力（秦師）而擊祖國（楚國），其事蓋不可寬恕，故卒受夫差賜劍自刎，浮屍受辱。

篇末，太史公乃嘆曰：怨毒之於人甚矣哉！

7.〈仲尼弟子列傳〉

孔子弟子三千餘人，異能之士，受業身通六藝者七十七人（孔廟圖作七十二人）。

史公悉取《論語》弟子問（顏回、閔子騫、子路、宰予、子貢、子游、子夏、曾參等）并次爲篇列傳其要。

〈太史公自序〉：

> 孔子述文，弟子興業，咸為師傅，崇仁厲義，作〈仲尼弟子列傳〉。

錢穆《國史大綱》〈儒家之興起〉讚揚孔子「開中國史上民間自由講學之第一聲，其教育事業留下一個絕大的影響。」

8.〈商君列傳〉

公孫鞅，少好刑名之學，相秦孝公，被封之於商，號爲商君。

商鞅入見孝公，首言「王道」，孝公「時時睡，弗聽」；復見，言三代帝王之道，孝公曰：「久遠，吾不能待。」及說君以強國之術，君乃大悅。

商鞅變法，致力農業耕織尚戰，有功者顯榮，行連坐腰斬之刑，賞刑嚴明，秦國以是富強，天子致福胙於孝公，諸侯咸賀。

唯商君相秦十年，用刑深刻，於秦無仁義恩德，宗室貴戚多怨，身敗名裂；及孝公卒，太子立，有人告商鞅反，秦兵捕殺，遭王以車裂嚴刑峻法徇之。

太史公嘆曰：商君，刻薄少恩人也，卒受惡名於秦，有以也夫！

9.〈蘇秦列傳〉

蘇秦，東周洛陽人，東事師於齊，習之於縱橫家鬼谷先生。其謀策遊說六國，各因其情，由燕而趙、韓、魏，再齊而西南遊說，使山東六國合縱以拒秦，則秦甲不敢出函谷以害山東矣，於是六國合縱并力，蘇秦爲（合）從約長，並相六國，而秦兵乃不敢闚函谷關十五年。

太史公曰：蘇秦遊說諸侯以顯名，其術長於權變；起於民間而使六國從親，此其智有過人者，吾故列其行事。

10.〈張儀列傳〉

張儀，魏人，亦事縱橫家鬼谷先生。已學，而遊說諸侯。

秦惠王十年，以張儀爲相。張儀之從事「連橫」，以不奉事強秦之遭禍切入要脅，說六國背「合從」而東西「連」以「橫」貫親秦。

首先魏楚，遂之韓，再東說齊，西說趙，北說燕。

太史公曰：蘇秦以其先死，而（張）儀振暴其短以扶其說轉成其連橫之道。

11.〈樗里子甘茂列傳〉

樗里子，秦惠王異母弟，多智，秦人號曰「智囊」。

甘茂，非常士也，學百家之術。

兩人爲秦名相，歷秦惠、武、昭三王；武王時，甘茂爲左丞相，樗里子爲右丞相。

又附傳甘羅，甘茂之孫，年十二，事秦相呂不韋。

12.〈穰侯列傳〉

魏冄，秦昭王母弟也，爲外戚，因功封於穰，號曰「穰侯」。四度拜相登位，任用大將白起，攻韓、魏，拔楚郢，置郢爲南郡，秦之向東略地，弱諸國，天下西向稽首者，穰侯之功也；於是，富於王室；唯富貴驕侈，不虛己學道，未能持盈保泰令終。

范睢乃讒言穰侯擅權太侈，於是秦昭王免相國。

太史公嘆曰：穰侯，昭王親戚也，及其貴極富溢，一夫開說，身折勢奪竟以憂死。

13.〈白起王翦列傳〉

白起，善用兵，事秦昭王；擊韓、魏，攻趙、楚；嗜殺，攻趙「長平之戰」，使「趙卒不得食四十六日，皆內陰相殺食」，「射殺趙將趙括，挾詐盡坑殺趙降卒四十萬人」，趙人大震。

白起與秦相應侯因故有隙，秦王免白起爲士伍，遷之；應侯與昭王議曰：「白起之遷，其意尚怏怏不服，有餘言。」秦王乃使使者賜之劍，自裁；白起引劍曰：「我固當死；長平之戰，趙卒降者數十萬人，我詐而盡阬之是足以死。」遂自殺。

王翦，少而好兵，事秦始皇；翦攻趙燕；翦子王賁，擊荆、魏。王翦後又擊荆，殺其將軍項燕，大破荊兵；秦二世時，翦、賁皆死，秦使王翦之孫王離擊趙，圍趙王及張耳；項羽救趙，虜王離，軍降；蓋所謂「爲將三世者必敗，以其所殺伐多矣，其後受其不祥。」

14.〈孟子荀卿列傳〉

本篇主敘孟子荀卿，附傳騶衍、慎到、墨子等學術大儒。

孟子，鄒人，授業子思之門人，序《詩》《書》，述仲尼之意，作《孟子》七篇。

騶衍，深觀陰陽，作怪迂之變，載禨祥，稱引天地五德轉移，符應若茲。

慎到，學黃老道德之術，因發明序其指意，著《慎子》。

荀卿，推儒、墨、道德之行事興壞，序列著數萬言。

墨翟，宋大夫，善守禦，爲節用。

篇中，載慎到與墨翟，皆草草二、三語，誠可謂遺憾，因慎到爲法家重勢派之代表人物（申不害言術，商鞅主法，而韓非則集勢、術、法三派之大成者，以三者相依相成，輔而治之。）而墨子爲墨家發明人，其學術亦影響中國深且遠矣。

15.〈孟嘗君列傳〉

孟嘗君，姓田名文；父田嬰，齊威王少子，封於薛；及嬰卒，文代立於薛，爲孟嘗君；歷相秦昭王、齊湣王、魏昭王。

孟嘗君在薛，舍業招致賓客三千人，以傾天下之士，客無所擇，皆厚善遇之，甚至雞鳴狗盜之徒；故四公子（孟嘗、平原、魏公子信陵、春申四君）中，孟嘗門下食客最雜。

太史公曰：吾嘗過薛，其俗與鄒、魯（知書達禮尙義）殊，世傳孟嘗君好客自喜，其來有自。

16.〈平原君虞卿列傳〉

平原君趙勝，趙公子也，喜賓客，至數千人，相趙惠文王及孝成王。

平原君厚待公孫龍，公孫龍善爲堅白之辯。

虞卿；游說之士也，說趙孝成王；一見，賜黃金白璧；再見，爲趙上卿食邑於虞縣，故號爲虞卿。

虞卿著書，上採春秋，下觀當世，以刺國家得失，世曰《虞氏春秋》。

太史公曰：「虞卿非困愁，亦不能著書傳世」，乃亦史公自見也。

17.〈魏公子列傳〉

魏公子無忌，昭王少子，安釐王異母弟；昭王薨，安釐王即位，封公子爲信陵君。

公子仁賢待士，士無論賢與不肖，皆謙禮交之，不以富貴驕士，士爭往歸之，致食客三千人，四君子中，信陵人品高偉，以故當時諸侯多不敢進兵謀魏，凡十餘年。

信陵君嘗率五國之兵破秦軍，走秦將蒙驁，乘勝追至函谷關，秦兵不敢出，兵法威振天下，世稱《魏公子兵法》。

秦王患之，乃行金賄客，以反間計令毀公子於魏王前曰：「諸侯徒聞魏公子，不聞魏王，公子亦欲南面而王。」

魏王乃猜忌信陵賢能，使人代王子將職；公子遂謝病不朝，與賓客爲長夜飲，飲醇酒，後竟病酒而卒。

史公又云高祖微少時，聞魏公子賢，即天子位，每過大梁，常祠之；高祖十二年，爲公子置守冢五家，世世歲時奉祠公子。此史公特傳其仰慕之情，使全傳爲之增色生輝。

18.〈春申君列傳〉

春申君，楚人，姓黃，名歇。事楚傾襄王，傾襄王卒，太子完立，爲考烈王，以黃歇爲相，封爲春申君。

黃歇游學博文，使於秦，昭王方令白起伐楚，黃歇乃上書說秦昭王，乃止白起，發使賄楚，約爲與國。

既已全楚，又護楚太子歸國，功在楚國。

春申君相楚二十餘年，而楚考烈王無子，春申竟以奸謀盜楚，李園陰養死士殺人滅口，刺殺春申君於棘門，斬其頭，投之棘門外，使吏盡滅春申君之家，哀哉！

19.〈范睢蔡澤列傳〉

范睢、蔡澤，皆雄辯智士，忍辱困危，羈旅入秦，以辯詞繼踵爲相；范睢倡「遠交近攻」

之策，蔡澤助秦軍收周室，功垂於秦；二人尤能推賢相讓，虛己受教，明哲保身，扶義俶儻。

故〈太史公自序〉贊曰：

能忍訽（辱）於魏齊，而信威於強秦，推賢讓位，二子有之，作〈范睢蔡澤列傳〉。

20.〈樂毅列傳〉

樂毅，先祖樂羊，羊爲魏文侯將。

樂毅賢，善兵，聞燕昭王下士招賢，於是爲魏昭王使於燕，燕昭王禮待之，以爲亞卿。樂毅並護燕、趙、魏、韓、楚五國之兵伐齊，至於臨淄，齊湣王敗走，保於莒。燕昭王大悅，勞軍行賞饗士。

燕昭王崩，子立，爲燕惠王；齊之田單縱反間於燕曰：「聞樂毅與燕新王有隙而不快，欲連兵留齊且南面而王齊。」

燕惠王得齊反間，乃使騎劫代樂毅爲將，樂毅知王不善，遂西入趙。

齊田單遂破騎劫於即墨，又轉戰逐燕，復齊城，迎襄王於莒，入臨淄復國。

燕惠王悔，乃使人謝讓樂毅，樂毅乃報〈遺燕惠王書〉。書末云：「臣聞古之君子，絕交不出惡聲；忠臣去國，不潔其名（而咎於君），故敢獻書以聞，唯君王留意焉。」

燕王乃以樂毅子樂閒爲昌國君；而樂毅往來復通燕，燕趙以爲客卿。

〈太史公自序〉贊曰：

率行其謀，連五國兵，為弱燕報強齊之讎，雪其先君之恥；作〈樂毅列傳〉。

21.〈廉頗藺相如列傳〉

廉頗，趙良將；藺相如，趙賢士也。

秦昭王聞趙得楚和氏璧，欲以十五城易璧，趙王遂遣相如奉璧以入秦而完璧歸趙。

趙以相如功大，拜爲上卿，位在廉頗之右上；廉頗妒曰：「我有攻城野戰大功，而藺相如徒以口舌爲勞，却居我上，吾不忍爲之下。」

相如每朝稱病，不與廉頗爭列，曰：「強秦之不敢加兵於趙，以吾兩人在也；今兩虎相鬥，必有死傷。」

廉頗聞之，肉袒負荊謝罪，將相和，互歡，爲刎頸交。

太史公贊曰：方藺相如引璧睨柱，及叱秦王左右，一奮其氣，威信敵國，退而讓頗，名重泰山，智勇兼備矣。

22.〈田單列傳〉

田單，齊田氏疏屬，湣王時，燕昭王使樂毅伐破齊七十餘城，唯莒、即墨未下，湣王出奔莒城。

即墨人推立田單爲將軍而抗拒燕；田單苦心積慮，敵仇同慨，縱反間計使燕以騎劫代樂毅，田單再夜以「火牛陣」出擊，聲光炫耀，燕軍大爲驚駭，敗走；齊兵乘勝北向逐燕，田單光復齊城，救亡圖存，迎襄王於莒，入臨淄，復國聽政。

太史公贊曰：兵以奇勝，善之者，出奇無窮，其田單之謂也。

23.〈魯仲連鄒陽列傳〉

魯仲連，齊人，持高節之俶儻策士，唯不肯仕宦。

退秦軍，救趙國；趙平原因欲封魯連，辭，不肯受；平原君又置酒以千金壽，魯連曰：「士貴爲他人排難解憂而無取也。」遂辭去。

又後二十餘年，燕將攻下齊聊城，魯連爲書射遺燕將，燕將見書，恐燕誅齊辱，竟自殺，田單遂克聊城。

單欲爵之魯連，魯連逃隱海上，曰：「吾與富貴而詘於人，寧貧賤而輕世肆志焉。」

鄒陽，齊人，游於梁，羊勝等嫉鄒陽，惡之梁孝王，下吏欲殺；鄒陽以客游受讒見禽，乃從獄中上書王；孝王見奏書使人出獄鄒陽而奉爲上客。

鄒陽書論及范睢、商鞅、大夫種等受讒毀之禍，深切哀痛，足爲後世資鑑炯戒也。

太史公贊曰：魯連以布衣蕩然肆志，談說當世；鄒陽比物連類，抗直不橈，吾是以附之列傳焉。

24.〈屈原賈生列傳〉

屈原，名平，嫻於辭令，楚懷王甚任之；上官大夫爭寵，心害其能，讒之，王怒而疏屈平。

屈平遭嫉受讒，流放遷往江南，至於江濱，披髮行吟曰：「舉世混濁我獨清，眾人皆醉我獨醒，是以見放。」漁父曰：「聖人與世推移，舉世混濁，何不隨波逐流，而自令見放為？」

屈原終懷石自沈汨羅而死，哀哉！

賈生名誼，西漢洛陽人，通諸子百家，以能詩書聞於時。文帝徵召，旋議以任公卿之位，絳侯（周勃），灌嬰之屬欲害之，短賈生曰：「年少初學，擅權亂事」。天子受讒竟疏之，以為長沙王太傅。

既辭行，不得意，渡湘水，為賦以弔屈原；旋又作〈服鳥賦〉。

後歲餘，賈生徵見，文帝拜賈生為帝少子梁懷王太傅。居數年，懷王騎馬，墮而死，無後；賈生自傷責為傅無狀，哭泣歲餘，竟死，年三十三。

太史公贊曰：「余讀〈離騷〉、〈天問〉，悲其志；讀〈服鳥賦〉，同死生，爽然自失矣。」

25.〈呂不韋列傳〉

呂不韋，大賈人，家累千金。

秦昭王四十二年，次子安國君為太子，愛姬立為正夫人，號曰華陽夫人，無子；安國君別姬中男名子楚，為秦質於趙。

呂不韋賈趙之邯鄲，曰「奇貨可居」，以千金爲子楚西游，說華陽夫人曰：「以（美）色事人者，色衰而愛弛，夫在則重尊，百歲之後，子爲王，終不失勢。」華陽夫人與安國君乃許之，以子楚適嗣。

不韋又獻其有身之姬予子楚，生子政（後之秦始皇），子楚立姬爲夫人。

秦昭王五十六年，薨；子楚代立，爲莊襄王，以呂不韋爲丞相，封文信侯，食河南洛陽十萬戶。

莊襄王三年薨，太子政立爲王，尊呂不韋爲相國，號稱「仲父」。

秦王政年少，太后時竊私通呂不韋；始皇帝益壯，不韋恐禍及身，乃陰進嫪毒，侍太后，私通；始皇九年，有告嫪毒私亂太后，謀反，於是秦王下吏治，斬殺，夷三族，滅其宗；事連相國呂不韋，十年十月，免相，出文信侯就國河南；歲餘，諸侯賓客使者相望於道，請文信侯；秦王恐生變，乃令文信侯與家屬徙處蜀；呂不韋自度稍侵，恐誅，乃飲酖死；史公蓋垂教訓立炯戒也。

26.〈刺客列傳〉

此篇敘五刺客合傳，又相從以類，又可視之「類傳」。

曹沫執匕首劫齊桓公而返侵魯地，專諸爲公子光（即闔閭）刺王僚，豫讓恩智伯之知而多次欲刺趙襄子，聶政謝嚴仲子賜惠而刺韓相俠累，荊軻爲燕太子丹行刺秦始皇皆壯士懍烈，名留千秋。

太史公贊曰：五人其義成或不成，立意較然（深明），不欺其志，名垂後世。

27.〈李斯列傳〉

李斯，楚人，西入說秦王，先爲秦相呂不韋舍人，爲郎，因是得說秦王，爲客卿；上書〈廢逐客令〉，秦王官之至廷尉，終併天下，尊爲皇帝，以斯爲丞相。

廢封建，行郡縣，定律令，統一文字、度量衡，多所謀力；然焚詩書，坑儒生，興繇役，相連坐，嚴法苛刑，暴政專權，與趙高惑亂苟合，及趙高勢力坐大，卒爲案治誣陷謀反，具五刑，腰斬咸陽，夷三族，哀哉！

臨終前，顧謂其子曰：「吾欲與汝復牽黃犬俱出東門逐狡兔豈可得乎？」遂父子相抱哭，悲夫！

太史公嘆曰：「李斯事秦輔始皇，成帝業，爲三公，可謂尊矣；唯不務明政，持爵祿而阿順苟合，嚴威酷刑，廢適立庶，竟被五刑誅死。」

28.〈蒙恬列傳〉

蒙恬，祖父蒙驁，爲秦將，伐韓，攻趙，擊魏；父蒙武，爲秦裨將軍，與王翦破楚，殺項燕，又攻楚，虜楚王；武子曰蒙恬、蒙毅。

蒙恬因家世得爲秦將，北逐戎狄，收河南；築長城，西起臨洮，東至遼東；任外事而得始皇尊寵；弟毅爲內謀，位至上卿，與帝出則參乘，入則御前。

始皇三十七年，出游會稽，北上，道病，至沙丘崩。

趙高、李斯與公子胡亥陰謀，立亥爲太子；太子立，遣使者賜罪公子扶蘇死；復遣御史殺蒙毅，再遣使者受詔行法蒙恬；恬喟然太息曰：「恬罪當死矣，起臨洮之遼東，城塹萬餘哩，此其中無絕地脈哉？」遂吞藥自殺。

太史公嘆曰：吾適北邊，行觀蒙恬所爲秦長城亭障，固輕百姓力矣；恬爲名將，不強諫以振百姓之急，養老存孤，務修眾庶之和，而阿意興功，此其兄弟遇誅。哀哉！

29.〈張耳陳餘列傳〉

陳涉起事，入陳，張耳、陳餘上謁，見大喜。

陳涉張楚，王陳，使吳廣、周文將卒百萬西擊秦。

至邯鄲，趙王以陳餘爲大將軍，張耳爲右丞相。

秦章邯引兵至邯鄲，張耳與趙王歇走入鉅鹿城，王離圍之。

張耳數使人召前陳餘，陳餘自度兵少，不敵秦，不敢前；張耳大怒，怨陳餘，使人往責讓陳餘曰：「始吾與公爲刎頸交，今王與耳旦暮且死，而公擁兵數萬，不肯相救。」陳餘曰：「今必俱死，如以肉委餓虎，何益？」由此，陳餘、張耳兩人遂有隙。

張耳先是從項羽入關，羽立張耳爲常山王；以陳餘未從入關，僅封南皮三縣；陳餘怒曰：

「今張耳王，餘獨侯。」乃悉三縣兵襲常山王張耳，復收趙地；張耳敗走，投漢，謁漢王，王厚遇之。

漢三年，遣張耳與韓信擊破趙，斬陳餘，立張耳爲趙王；漢五年，張耳薨，子張敖立爲趙王，高祖長女魯元公主爲趙王敖后。

太史公嘆曰：張耳、陳餘，世稱賢者，始居約（貧賤）時，相然信以死；及據國爭權，卒相滅亡，向者相慕用之誠，何後相倍（背）之戾也！豈非以勢力交哉？

30.〈魏豹彭越列傳〉

魏豹，魏諸公子也；從項羽入關，羽封豹爲西魏王。

漢王還定三秦，魏王豹以國屬焉，遂從擊楚於彭城，漢敗，還至滎陽；豹旋畔漢，漢王遣韓信擊虜豹，令豹守滎陽；楚圍之急，周苛遂殺魏豹。

彭越，昌邑人，沛公自碭北擊昌邑，彭越助之；齊王田榮使人賜彭越將軍印，使擊楚，大破楚軍；漢二年，彭越歸漢，漢王拜爲魏相國，定梁地；漢王又以留侯計策，使彭越引兵會垓下，破楚，項羽死；漢立彭越爲梁王，都定陶。漢十年，陳豨反代地，高帝自往擊，徵兵梁王，梁王稱病；有人告彭越有謀反意，於是上使捕梁王，囚之洛陽，上赦以爲庶人，傳處蜀；呂后白上曰：「徙之蜀，自遺患，不如誅之。」

呂后乃令舍人告彭越復謀反，廷尉奏，上可，遂夷彭越宗族。

太史公曰：魏豹、彭越，懷畔逆之意，中材已上且羞其行，況王者乎！

31.〈黥布列傳〉

黥布，姓英氏，因犯黥刑，人呼曰黥布。

項羽引兵西至咸陽，封布爲九江王；項羽陰令九江王英布使將擊義帝（懷王），追殺之。

漢之敗楚彭城，布稱病不佐楚，項王由此怨布。

漢四年，立布爲淮南王；五年，布使人誘大司馬周殷，舉九江兵與漢擊楚，破之垓下，項羽死。

天下定，布遂剖符爲淮南王，都六。

十一年，高后誅淮陰侯；未久，漢誅梁王彭越，布乃大恐，有謀反意；上使人微驗，反書聞；上遂發兵自將東擊布，滅之；立皇子劉長爲淮南王。

太史公曰：項羽所阬殺人無數，而布常爲首虐，卒不免於身；禍興自愛姬，妒媢生患，竟已滅國！

32.〈淮陰侯列傳〉

淮陰侯韓信，淮陰人；漢王入蜀，信去楚歸漢；蕭何奇之，奏上曰：「諸將易得，至於信者，國士無雙，欲爭天下，非信無所與計事者。」漢王乃拜信爲大將。

信拜奏曰：「項王，不能任賢，匹夫之勇；有功者不予，婦人之仁；不居關中而都彭城，有背義帝之約；所過無不殘滅，失天下心，百姓不附；詐阬秦降卒二十餘萬，秦民莫愛也。唯大王入關，除秦苛法，與民約法三章，秦民無不欲大王王秦，大王當王關中。」漢王大喜，自以爲得信晚也。

韓信擊魏、趙，襲齊，漢王遣張良立信爲齊王；王復用張良計，召齊王信，將兵會垓下，破楚項羽，漢五年，徙信爲楚王。

漢六年，有人上書告楚王信謀反，帝以陳平計，天子巡狩會諸侯於陳，謁高祖，上令武士縛信，載後車。信曰：「人言狡兔死，良狗烹；高鳥盡，良弓藏；敵國破，謀臣亡。天下已定，我固當亨！」至洛陽，赦信罪，爲淮陰侯。

漢十年，陳豨謀反，上自將而往，韓信推病不從；呂后與蕭何計謀，韓信入賀，呂后使武士縛信，斬之長樂宮，夷三族。

太史公嘆曰：「假令韓信學道謙讓（學張良之赤松遊，效曹參之飲耳），不伐己功，不矜其能，於漢家勳可比周、召、太公之徒，後世血食矣；不務出此，而謀畔逆，夷家滅族。哀哉！

漢初蕭何、張良、韓信開國三傑，蕭相國與留侯得列「世家」，而淮陰侯因謀反畔逆，被斬而滅族，國除；故只爲「列傳」。

33.〈韓王信盧綰列傳〉

韓信（與淮陰侯韓信同姓名），初將其兵從沛公進關，又入漢中；漢三年，楚敗滎陽，韓信降楚，得逃亡，復歸漢，漢王立以爲韓王，故稱「韓王信」，從漢王破項羽，天下定；剖符，世世勿絕。

漢六年，韓王信治邊城馬邑，匈奴圍，求和；有二心，與匈奴約共攻漢，謀反，以馬邑降胡；漢十一年，漢使柴將軍擊斬。

盧綰豐人，與高祖同里；高祖初起沛，以客從，入漢中爲將軍。漢五年，破項羽；從擊降燕王藏荼，乃立盧綰爲燕王。

漢十二年，有言燕王盧綰通計欲反；高祖召綰，稱病不從，曰：「往年，漢族淮陰，誅彭越，呂后誅異姓王者功臣。」

皇上使樊噲擊燕，盧綰將其眾亡入匈奴，匈奴以爲東胡盧王；居歲餘，死於胡中。

太史公嘆曰：韓王信、燕王盧綰，徼一時權變，外倚蠻貊以爲援，卒赴匈奴，哀哉！夫計之生熟成敗於人也深矣！

34.〈田儋列傳〉

田儋，齊田氏族也，從弟田榮，榮弟田橫，宗強，能得人。

秦將章邯圍魏，魏王請救於齊，齊王田儋將兵救魏，章邯大破齊、魏軍，殺田儋；儋弟田榮收儋餘兵東走東阿之地；田榮後自立爲齊王，盡併三齊（項羽所立膠東王田市、齊王田都、濟北王田安）。

項王聞之怒，伐齊，田榮兵敗被殺。榮弟田橫，收齊散兵數萬人，復收齊城邑，立榮子田廣爲齊王，田橫相之，專斷國政。後歲餘，漢滅項楚，漢王爲皇帝，橫與徒屬五百餘人入海居島中。高帝聞之，後恐爲亂，使使召曰：「田橫來，大者王，小者侯；不來，兵誅矣。」田橫與其客二人乘傳詣洛陽。田橫英風氣慨，竟自剄，令客奉其頭，從漢使者馳奏高帝；帝爲其賢流涕，以王者禮葬田橫；既葬，二客亦自剄；帝大驚，使使召橫在海島中五百餘人，至則聞田橫死，更皆自殺，乃知田橫兄弟之能得士也。

太史公嘆曰：田橫之高節，賓客慕義而從橫死，至賢哉！因而列傳焉。

35.〈樊酈滕灌列傳〉

樊噲，沛人，以屠狗爲業；鴻門宴上，樊噲持盾直撞入營而使項王無誅沛公之心。酈商，以將卒四千人屬沛公；從高帝擊燕王臧荼，賜爵列侯。夏侯嬰，沛人，常奉車從擊，賜爵封爲滕公（徐州滕縣）；項羽大破漢軍於彭城，漢王敗，馳去；侯嬰收載孝惠、魯元（漢王子女），得脫，至於豐。灌嬰，販繒者；項羽敗垓下，灌嬰受詔將軍騎追擊，所將卒五人共斬項羽，以多功封侯拜相。

太史公曰：方其（樊噲、灌嬰）鼓刀屠狗賣繒之時，豈自知附驥之尾，垂名漢廷，德流子孫哉？

36.〈張丞相列傳〉

張蒼，好書律曆，從沛公入武關，至咸陽；因累功封侯，遷爲御史大夫至丞相，年百有餘歲，以享壽卒。

張蒼文學律曆，爲漢名相，〈太史公自序〉：

漢初初定，文理未明，蒼為主計，序律曆，作〈張丞相列傳〉。

37.〈酈生陸賈列傳〉

酈生者，酈食其也，酈商之兄，陳留人，好讀書。

因與陳留縣令相善，而陳留爲四通之地，天下要衝，乃說勸沛公引兵得陳留；酈生因常爲說客，馳使諸侯。

陸賈，以客從高祖定天下，有辯才，居左右，常使諸侯。

高祖使陸賈持賜尉他印爲南越王，北面稱臣奉漢，歸報，高祖大悅。

陸賈又說高帝曰：「馬上得之（天下），可以馬上治之乎？」高帝令爲其著說秦所以失天下，而帝所以得之者，及自古成敗之因果；陸賈乃述存亡，高帝稱善，號其書曰《新語》。

呂太后時，諸呂擅權，欲危劉氏；陸生請見丞相陳平曰：「天下安，注意相；天下危，注意將；將相和調，社稷在兩君掌握耳。」陳平用其計爲絳侯周勃祝壽樂飲，太尉亦回報，兩人結合護劉氏，國以安，而呂氏衰。

〈太史公自序〉讚曰：

結言通使，約懷諸侯，諸侯成親，歸漢為藩輔，作〈酈生陸賈列傳〉。

38.〈傅靳蒯成列傳〉

傅寬，從至霸上；入漢中，遷爲右騎將；因定齊地，剖符世世勿絕，封侯。

靳歙，以中涓從，至霸上，遷爲騎都尉；從至陳，取楚王信，剖符世世勿絕，稱侯。

蒯成侯周緤，沛人，常爲高祖參乘，以舍人從起沛；至霸上，西入蜀漢，還定三秦；高祖十二年，封爲蒯成侯。

上欲自擊陳豨，蒯成侯泣曰：「今上常自行，是爲無人可使者乎？」上以爲「愛我」，賜入殿內不趨；緤以壽終。

太史公贊曰：「傅寬、靳歙皆高爵，未嘗困辱，亦天授也；蒯成侯操心堅正，身不見疑，可謂篤厚君子矣。」

39.〈劉敬叔孫通列傳〉

婁（劉）敬上說高帝都關中四塞之固，膏腴之地，又因留侯（張良）言入關便利，即日東駕西都。上曰：「婁者，劉也。」賜敬姓劉，故稱劉敬。又進言胡漢和親，徙天下豪強十餘萬口居關中，以強本弱末。

漢五年，併天下，尊漢王爲皇帝於定陶；羣臣飲酒爭功，高帝患之；叔孫通說上曰：「儒者難與進取，可與守成，願起朝儀。」

漢七年，長樂宮成，諸侯羣臣皆朝儀，莫不振恐肅敬；高帝曰：「吾乃今日知爲皇帝之貴也。」拜叔孫通爲太常，賜金。

太史公贊曰：「劉敬之說，建萬世之安；叔孫通度務制禮，進退與時變化，卒爲漢家所宗。」

40.〈季布欒布列傳〉

季布，義氣任俠聞於楚，項羽使將兵，數窘漢王，王怨在心，及滅項羽，漢購求布；朱家曰：「臣各爲其主。」皇上乃赦季布。

欒布，梁王彭越爲居家人時，與布游；及越謀反被誅，布奏事於彭越頭下，吏捕以聞；布奏上曰：「方上之困於彭城，敗滎陽，以彭越王梁地，與漢合而項王不能遂西；且垓下之會戰，微彭越，項氏不亡；今竟以苛小案而誅滅之，臣恐功臣人人自危。」於是上乃釋欒布。

太史公曰：季布以勇壯顯於楚，唯自負其材，欲有所用，終爲漢名將；欒布哭彭越，犯禁見虜，趨湯如歸，誠之所處，雖往古烈士，何以加哉！

41.〈袁盎鼂錯列傳〉

袁盎鼂錯兩人不同坐，未嘗同堂語，公報私仇，促狹陰詐，卒皆遭殺斬，乃合傳。

袁盎公直陰狠，引義忼慨，犯顏直諫，好聲矜賢，竟爲梁王（欲求爲嗣不果）所刺殺身亡。

鼂錯學申商刑名，陗直刻深，擅權，多所變更，侵削諸侯地，別疏人骨肉；及諸侯發難，反以亡軀，遭斬東市，哀哉！

42.〈張釋之馮唐列傳〉

張釋之斷獄，持平公正，守法不偏；馮唐論將帥，有絕味，富大臣見識。兩人皆能敢言直諫，有氣節，爲文帝所納。

《太史公自序》贊曰：

守法不失大禮，言古賢人，增主之明，作〈張釋之馮唐列傳〉。

43.〈萬石張叔列傳〉

萬石君姓石名奮，漢高祖召其姊爲美人，以奮爲中涓；文帝時，爲太子太傅；景帝時，奮與長子石建，次子石慶等凡五人，皆官至兩千石，景帝號爲「萬石君」；石慶自沛守而御史大夫，至丞相。其家咸以孝謹遵教聞名。

張叔以治刑循名責實事太子，其人長者，以誠愛處官，子孫咸至大官。

《太史公自序》贊曰：

敦厚慈孝，納於言，敏於行，務在鞠躬，君子長者，作〈萬石張叔列傳〉。

44.〈田叔列傳〉

田叔，齊田氏苗裔也。

梁孝王使人殺袁盎，景帝召田叔案梁；田叔奏曰：「今梁王不伏誅，是漢法不行也；如其伏法，則太后食不甘味，臥不安席，此憂在陛下也。」景帝大賢之。

《太史公自序》贊曰：

守節切直，義足以言廉，行足以厲賢。

45.〈扁鵲倉公列傳〉

扁鵲，姓秦，名越人，春秋時醫者。

以診脈之「望」色；「聞」聲、「問」（言病）、「切」脈聞名，天下以爲能生死人，秦太醫令自知醫技不如扁鵲，竟使人刺殺之。

倉公者，姓淳于，名意；齊太倉長，因稱倉公。

授傳黃帝、扁鵲脈書，以五色（人體五臟病徵於臉色）及任督奇經八脈診病。

文帝四年，有人上書論淳于意刑罪，其女「緹縈救父」，上悲其意，除肉刑法。

本傳附扁鵲三病案，倉公醫案廿五則，兩人可謂中國醫藥界鼻祖，而倉公爲醫，皆憑精密觀察，詳實記載且覆驗之，足證西漢醫藥之進步。

班固《漢書》竟不載〈倉公傳〉，誠爲遺憾，可知史公更在意黎民死生要事矣。

《太史公自序》贊曰：

扁鵲言醫，為方者宗，守數精明；後世循序，弗能易也，而倉公可謂近之矣。

46.〈吳王濞列傳〉

漢景帝三年正月，吳王劉濞約楚七國謀亂，以鼂錯侵削諸侯地，招怨，竟被斬東市；及條侯周亞夫出師，三月，七國兵敗，亂平。

太史公嘆曰：吳王以擅山海之利，逆亂謀反，卒亡其本，竟以夷隕。

47.〈魏其武安侯列傳〉

魏其侯竇嬰，孝文后從兄子也，爲外戚；吳楚七國亂起，上以竇嬰賢，召之，及盡破七國兵，封嬰爲魏其侯。

武安侯田蚡，孝景后同母弟，亦屬外戚；孝景晚年，蚡益貴幸；孝景崩後三年，封爲武安侯。

武安侯由此驕甚，至宅地田園、婦女金玉狗馬玩好。持重好權，致禍，哀哉！

48.〈韓長儒列傳〉

韓長儒者，御史大夫韓安國也，長儒其字。

安國足智多略，忠厚持重；其智解開景帝與梁孝王僭隙，諫梁孝王勿藏匿奸人羊勝公孫詭；又論及對匈奴事，主和親，皇上許之。

《太史公自序》贊曰：

智足以應近世之變，寬足用得人，作〈韓長儒列傳〉。

49.〈李將軍列傳〉

李廣將軍，隴西人，歷孝文、景、武三朝；才氣天下無雙，將兵，士卒不盡飲，廣不近水；士卒不盡食，廣不嘗食，士以此愛樂為用。匈奴聞其能，號曰：「飛將軍」，避入，不敢進犯。

一生與匈奴大小七十餘戰，武帝元狩四年，從大將軍衛青出擊匈奴，自負軍亡導，或失道，自上簿，遂引刀自剄，一軍皆哭，百姓聞之皆垂涕。

太史公贊曰：《傳》曰：「其身正，不令而行」，其李將軍之謂也，及其死之日，天下知與不知，皆為盡哀，彼其忠實心誠也。

50.〈匈奴列傳〉

匈奴，居北蠻，逐水草而居，射獵禽獸為生，急則戰攻以侵伐，自三代以來，即為中國邊患。

韓王信降匈奴，漢高祖自將兵往擊之，至平城遭圍於白登臺，以陳平奇計而解圍，遂使劉敬結和親之約；至文景帝亦修和親。

今帝（武帝）即位，漢以生養休息久，國力強大，乃使李廣、衛青、霍去病等出擊匈奴，將軍（霍去病）且出代地二千餘里，得胡首虜凡七萬餘，匈奴遁走，驃騎至翰海而還。

《太史公自序》贊曰：

自三代以來，匈奴常為中國患害，欲知強弱之時，設備征討，作〈匈奴列傳〉。

51.〈衛將軍驃騎列傳〉

衛將軍，衛青；驃騎將軍，霍去病也，皆以外戚及軍功顯名；青姊衛子夫於建元二年入寵幸上（武帝），子夫姊衛少兒，少兒之子霍去病。

元狩四年，上令大將軍衛青、驃騎將軍霍去病各將五萬騎出擊匈奴，復入，兩人皆官至大司馬位。

天子爲治第，令驃騎視之，曰：「匈奴未滅，無以家爲。」

元狩六年，驃騎將軍薨；後十一年，元封五年，大將軍衛青薨；青凡七出擊匈奴，裨將有李廣、公孫賀、蘇建、張騫等；驃騎去病凡六出擊匈奴，屬下有路博德將軍等。

太史公歎曰：蘇建嘗語余：「吾嘗責（望）大將軍之至尊，願將軍觀古名將而招選賢者。」大將軍謝曰：「招賢絀不肖者，人主之柄也；人臣奉法遵職而已，何與招士！」驃騎亦放此意。

善哉！衛霍兩將軍之明哲保身，不功高震主，而終能善保功名也。

52.〈平津侯主父列傳〉

平津侯者，公孫弘也，武帝元光五年，徵儒士對策，天子擢弘爲第一；元朔三年，弘爲御史大夫，俸祿雖多，然爲布被，天子以爲儉讓，遷弘爲丞相，封平津侯。

弘外寬內深，刻忌，與弘有郤者，陰報其禍；殺主父偃，徙董仲舒至膠西，皆弘使力也。

主父偃以鼂錯割削諸侯而逆謀萌起，奏願天子令諸侯推恩分子弟，以德施，實分其國，不削而弱矣，上從其計。

元朔二年，上拜主父偃爲齊相，以王姦事，齊王自殺；時公孫弘爲御史大夫，奏上，乃遂族主父偃。

太史公曰：公孫弘修行義，廣儒墨，節衣食爲百吏先；主父偃當路，諸公譽之；及名敗身誅，士爭言其惡，悲夫！

篇末，突兀出現有《漢書》〈公孫弘、卜式、兒寬傳〉之「班固贊曰」，不倫不類，益知今本《史記》非史遷古舊原本，蓋多後之好事者增補焉。

53.〈南越列傳〉

秦亡，尉陀自立爲南越（約今兩廣安南地域）王；漢十一年，高祖遣陸賈通使，毋爲南邊患害；文帝又詔使陸賈至南越，陀願爲藩臣，奉貢職，文帝大悅。

《太史公自序》：

漢既平中國，而陀能集南越以保南藩，納貢職，作〈南越列傳〉。

54.〈東越列傳〉

東甌王搖與閩越王無諸，皆越王勾踐後裔，於漢，時附時叛；至漢武帝，以東越東甌狹阻，閩越悍而無道，數反覆，乃詔軍吏將其民徙處江淮之間。

太史公曰：越雖蠻夷，猶世世爲公侯，蓋禹之餘烈也。

55.〈朝鮮列傳〉

漢武帝元封三年，朝鮮襲殺漢使涉何；天子遣樓船將軍楊僕與左將軍荀彘發兵出討；唯兩將不相能，相互始忌猜疑，致誤國事。

左將軍以坐爭功相嫉，棄市；樓船將軍以失亡多，當誅，贖爲庶人。

太史公嘆曰：樓船將軍所將卒狹少，乃見疑；荀彘將軍爭勞，受誅；兩軍俱辱，兆禍自斯。

56.〈西南夷列傳〉

西南夷含西夷與南夷，西夷指巴蜀以西，南夷約巴蜀以南之今雲貴地區。

武帝建元六年，使唐蒙將兵自巴蜀入夜郎；及南越反，上使發兵南夷，夜郎遂入朝，上以爲夜郎王；元封二年，發兵擊，賜滇王印。

《太史公自序》：

唐蒙使略通夜郎，而邛筰之君請為內臣受吏，作〈西南夷列傳〉。

57.〈司馬相如列傳〉

司馬相如，蜀郡成都人，字長卿，好讀書，慕藺相如之爲人，更名相如。與卓文君爲千古佳偶，琴挑夜奔，風流韻事，流傳於世。

相如爲西漢著名詩賦家，本傳所作〈子虛賦〉、〈諫獵疏〉、〈喻巴蜀檄〉、〈哀秦二世賦〉、〈大人賦〉、〈封禪文〉，亦皆試探侈君而爲勸百諷一辭賦。

篇末，太史公曰：相如雖多虛詞，然其要歸引之節儉，此與《詩》之封諫何異，余采其語可論者著于篇。

58.〈淮南衡山列傳〉

淮南厲王劉長，高祖少子；高祖十一年，黥布反，漢立劉長爲淮南王；以爲至親，驕恣，數不奉法，治黃屋蓋乘輿，出入擬於天子，謀反，徙處蜀郡，不食，至雍地死。

淮南王劉安，擅國權，侵奪民田宅，妄致繫人毆擊，謀反，大逆無道，天子聞，使吏治王，淮南王遂自剄，國除爲九江郡。

衡山王劉賜，數侵奪人田，壞人冢，謀反，吏圍王宮，王乃自剄，國除爲衡山郡。

太史公嘆曰：淮南、衡山親爲骨肉，列爲諸侯，不務遵蕃臣職以承輔天子，而謀爲畔逆，不終其身，爲天下笑。

59.〈循吏列傳〉

奉法循理之常吏，稱之循吏；本傳敘春秋時代孫叔敖、子產、公儀休、石奢、李離五人合傳；不敘及漢人（《漢書》敘有漢初文翁爲循吏），是史公憤慨當世乎？

五循吏皆持正不私，恤人盡職，政平刑簡，可爲吏教典範。

〈太史公自序〉曰：

奉法循理之吏，不伐功矜能，百姓無稱，也無過行，亦可以為治，作〈循吏列傳〉。

60.〈汲鄭列傳〉

汲鄭者，汲黯與鄭當時也。

二人皆好黃老，不喜儒，任俠自喜，內修廉潔，激直守節；唯好切諫，乃不得久居位，中道廢，賓客益疏落，後皆以太守終。

太史公嘆曰：昔翟公有言，有勢，賓客盈門；無勢，門可羅雀；復職，賓客又欲往，翟公大署其門曰：「一死一生，乃知交情；一貧一富，乃知交態；一貴一賤，交情乃見。」汲、鄭亦云，悲夫！

61.〈儒林列傳〉

孔子卒後，戰國時代天下並爭，至秦始皇，焚詩書、阬術士，儒術乃衰，然齊魯之間，學者獨不廢也，孟子、荀卿咸遵孔子儒業而潤色之，以學顯於當世。

今上（武帝）即位，罷黜百家，尊儒術；言詩，有魯申培公（孔安國爲其弟子）；於齊有轅固生；言（尙）書者，有濟南伏生（再傳弟子兒寬）；言禮，則魯高堂生；治易，有齊人田何、楊何（皆淄川人），魯人周霸，臨淄人主父偃；論春秋，有齊魯之胡母生（弟子有公孫弘等）、董仲舒（治公羊春秋）。

〈太史公自序〉：

自孔子卒，京師莫崇庠序，唯（今上）建元元狩之間，文辭粲如也，作〈儒林列傳〉。

62.〈酷吏列傳〉

孔子曰：「齊之以刑，民免而無耻；齊之以禮，有耻且格」；老子曰：「法令滋章，盜賊多有。」太史公曰：「天下之網密矣，而姦僞萌起。」

本篇列郅都、寧成、周陽由、趙禹、義縱、王溫舒、杜周等酷吏，皆漢代人，殘殺刑戮，滋法侵漁，史公蓋炯戒苛政酷吏，刺譏武帝「緣飾以儒術」之慘酷吏治，而爲廣大人民喊冤呼救，顯露悲憤良心。

敘郅都「列侯宗室見之側目，號曰蒼鷹」，寧成則「宗室列豪人人惴恐」，周陽由「暴酷驕恣，居郡必夷其豪。」趙禹「用法刻深」，義縱「法治，族滅其豪」，又敘寧成，則吏民號曰：「寧見乳虎，無値寧成之怒」，王溫舒擇爪牙，「捕豪猾相連坐千餘家」，杜周「治罪內深次（至）骨。」要皆殺伐行威，殘酷凶暴，自郅都、杜周，皆以嚴刑峻法，以酷烈刻削。

〈太史公自序〉：

> 民背本多巧，姦軌弄法，善人不能化，唯一切嚴削為能齊之，作〈酷吏列傳〉。

63.〈大宛列傳〉

大宛之跡，見自張騫（博望侯）。

張騫及副使所至有大宛、大小月氏、大夏、康居、烏孫、安息、條枝、樓蘭、姑師、身毒等多國。

大宛在匈奴西南，漢之正西，離漢萬里，多汗血天馬，益壯於烏孫「西極馬」。

張騫開通西極遠方戎蠻，乃中國經營西域之先，聯西域而夾匈奴，斷其右臂；又引進蒲陶（葡萄）、苜蓿等異國物產，促進東西文化交流，其智勇攻略，流傳千秋萬世。

漢武帝派遣李廣利伐大宛，在樹立漢廷國威，唯傳中又敘「關東蝗大起，蜚（飛）西至敦煌。」乃史公暗譏今上（武帝）之窮兵黷武，連年出兵，勞民傷財，國庫一空。

64.〈遊俠列傳〉

韓非子譏「俠以武犯禁」，太史公言「儒墨皆排擯不載」。

唯太史公非普通拘束俗儒，欲補一般儒墨見識之所不及，而作傳本篇，敘朱家、田仲、劇孟、王孟、郭解等遊俠。

朱家，用俠聞，振人不贍，不伐其能。

田仲，以俠聞；劇孟，以任俠顯諸侯；母死，自遠方送喪蓋千乘；王孟，以俠稱江淮之間；郭解，節儉厚施，以德報怨，自喜爲俠，振人之命，不矜其功；天下賢與不肖，知與不知，皆慕其聲，言其俠。

史公所贊者，乃其俠義退讓有足稱者，非朋黨宗強之設財役貧，豪暴侵凌孤弱，恣欲自快者。

史公贊曰：今游俠，言必信，行必果，諾必誠，赴士之厄困，而不矜其能，伐其德，蓋亦有足多者焉。

65.〈佞倖列傳〉

諺曰：「善仕不如遇合」，非獨女以色媚上，而士宦亦有之。

本傳敘漢高祖至武帝時，貴寵之籍孺、閎孺、鄧通、趙同、北宮伯子、周文仁、韓嫣、李延年等八位婉媚佞倖。

其中，李延年因女弟（妹）善舞，上見心悅，幸寵得子，召貴延年，爲歌，善承上意；及女弟李夫人卒，愛弛，竟禽誅延年昆弟，故太史公嘆曰：「甚哉愛憎之時！」

〈太史公自序〉：

夫事人君能說主耳目，和主顏色，而獲親近，非獨色愛，能亦各有所長，作〈佞倖列

傳〉。

66.〈滑稽列傳〉

孔子曰：「六藝於治一也。」太史公乃曰：談言微中之道，可以解紛，亦治一也。滑稽詞義指言辭辯捷、巧計多智、應對不窮、詼諧幽默之人（註二〇）本篇敘淳于髡，事齊威王，滑稽多變而行諷諫；優孟多辯，以談笑諷諫楚莊王；優旃，善爲笑言，事秦始皇；始皇欲大苑囿，優旃曰：「多縱禽獸於其中，寇來，令麋鹿觸之矣。」始皇因笑諫乃輟止。

〈太史公自序〉曰：

> 不流世俗，不爭勢利，上下無所凝滯，人莫之害，以道之用，作〈滑稽列傳〉。

67.〈日者列傳〉

日者，占卜良辰吉時而忌諱避凶之流，乃古昔之民俗風氣焉。

〈太史公自序〉：

> 齊、楚、秦、趙為日者，各有俗所用，欲循觀其大旨，作〈日者列傳〉。

68.〈龜策列傳〉

註二〇：阮芝生，〈史記・滑稽列傳〉析論，《台大歷史學報》，二十期，八十五年一一月。

太史公曰：自古聖王卜筮禎祥，王者決定諸疑，參以卜筮，斷以蓍龜。

此篇爲張晏所云亡篇之列，「褚先生曰」以下爲褚少孫所補也。

《史記索隱》：

龜策傳，有錄無書，褚先生所補，其敘事煩蕪鄙陋，無可取。

《史記正義》：

史記至（漢）元成間，十篇有錄無書，而褚少孫補景、武紀，將相年表，禮書，樂書，律書，三王世家，蒯成侯，日者、龜策列傳；日者龜策，言辭最鄙陋，非太史公之本意也。

69.〈貨殖列傳〉

貨殖指以貨財作生意而生殖積富也。

本篇凡四段，篇首總論農、虞（漁）、工、商爲民所衣食之原，原大則饒，上則富國，下則富家；引老子言：「天下熙熙，皆爲利來；天下壤壤，皆爲利往。」而善者因之。又有二等人之富別，即「君子富，好行其德；小人富，以適其力。」

次段敘漢以前貨殖家計然（范蠡師事之）、范蠡（陶朱公）、子貢（最饒益）、白圭（天下言治產生祖）、猗頓（煮水爲鹽致富）、郭縱（冶鐵成富）、烏氏倮（畜牧眾多而富）、巴寡婦清（以得丹穴而擅其利財富）等。

三段言漢興以來，關中巴蜀膏壤地饒沃野千里（其地於天下三分之一，而人眾不過十三，然量其富，什居其六）；三河之河東（晉陽）、河內（殷都）、河南（洛陽）；三楚（西楚、東楚、南楚）等地之物產食物豐饒。

末段敘三富（本富爲上，末富次之，姦富最下），道漢初當世富者蜀卓氏（冶鐵致富），程鄭、宛孔氏、魯曹、邴氏（亦冶鑄鐵富），齊刀閒、周師史、任氏。橋姚、無鹽氏、關中田氏富商大賈等。

〈太史公自序〉：

布衣匹夫之人，不害於政，不妨百姓，取與以時而（滋）息財富，智者有采焉，作〈貨殖列傳〉。

70.〈太史公自序（傳）〉

本篇爲《太史公書》（即《史記》）一書之總序及百三十篇之各篇序目，共分五部分：

篇首敘其先世，世業史官相傳。

二敘其父司馬談，「學天官於唐都，受易於楊何，習道論於黃子」，論六家（陰陽、儒、墨、名、法、道德家）要指。

三敘史遷之自傳，「生龍門，耕牧河山之陽，年十歲則誦古文，二十而南游北涉，齊魯觀孔子遺風，奉使西征巴蜀以南。」奉父命，而遷爲太史令，紬史記石室金匱之書，於是論次其文，述往事，思來者，自黃帝始，至于（武帝獲）麟止。

再敘著述史書之動機、緣由始末，乃在效法孔子作《春秋》之微言大義，寓褒貶；秉承父命，克紹史官天職；又遭李陵之禍，欲以「究天人之際，通古今之變，成一家之言。」

篇末爲百三十篇（十二本紀、十表、八書、三十世家、七十列傳）之序目，約略大要旨趣。

第三章 《漢書》概說

第一節 班固繫年著述動機與取材

一、班固繫年

班固生於東漢光武帝建武八年，卒於和帝永元四年，壽六十一。

欲述班固繫年及其著述《漢書》，宜先讀《漢書》卷一百〈敘傳〉及《後漢書》〈班彪（附子固）列傳〉。

《漢書》〈敘傳〉略述：

（班）彪字叔皮，有子曰固；永平中為郎，典校秘書，專篤志於博學，以著述為業。固以為唐虞三代，詩書所及，世有典籍，故雖堯舜之盛，必有典謨之篇，然後揚名於後世，冠德於百王，故曰「巍巍乎其有成功，煥乎其有文章也！」漢詔堯運，以建帝業，至於六世，史臣乃追述功德，私作本紀，編於百王之末，廁於秦、項之列。太初以後，闕而不錄，故探篹前記，綴輯所聞，以述漢書，起元高祖，終于孝平王莽之誅，十有二世，二百三十年，綜其行事，旁貫五經，上下洽通，為春秋考紀、表、志、傳，凡百篇。

《後漢書》〈班彪（附子固）列傳〉略謂：

班彪字叔皮，扶風安陵人也。祖況，為越騎校尉；父穉，為廣平太守……班彪才高而好述作，遂專心史籍之間。武帝時，司馬遷著史記，自太初以後，闕而不錄，後好事者頗或綴集時事，然多鄙俗，不足以踵繼其書。彪乃繼採前史遺事，傍貫異聞，作後傳數十篇，因斟酌前史而譏正得失。其略論曰……魯君子左丘明論集其文，作左氏傳，又撰異同，號曰國語。又有記錄黃帝以來至春秋時帝王公侯卿大夫，號曰世本。春秋之後，七國並爭，秦并諸侯，則有戰國策。漢興定天下，陸賈記錄時功，作楚漢春秋。孝武之世，太史令司馬遷採左氏、國語，刪世本、戰國策，據楚、漢列國時事，上自黃帝，下訖獲麟，作本紀、世家、列傳、書、表凡百三十篇，而十篇缺焉。遷之所記，從漢元至武以絕，則其功也。至於採經摭傳，分散百家之事甚多疏略。其論述學，則崇黃老而薄五經；序貨殖，則輕仁義而羞貧窮；道游俠，則賤守節而貴俗功：此其大敝傷道，所以遇極刑之咎也。然善述序事理，辯而不華，質而不野，文質相稱，蓋良史之才也。夫百家之書，猶可法也。若左氏、國語、世本、戰國策、楚漢春秋、太史公書，今之所以知古，後之所由觀前，聖人之耳目也。司馬遷序帝王則曰本紀，公侯傳國則曰世家，卿士特起則曰列傳。又進項羽、陳涉而黜淮南、衡山，細意委曲，條例不經。若遷之著作，採獲古今，貫穿經傳，至廣博也。……今此後篇，慎覈其事，整齊其文，不為世家，唯紀、傳而已。（劉秀光武帝）建武三十年，（彪）年五十二，卒官。二子：固，超。固字孟堅。年九歲，能屬文誦詩賦，及長，遂博貫載籍，九流百家之言，無不窮究。所學無常師，不為章句，舉大義而已。性寬和容眾，不以才能高人，諸儒以此慕之。……父彪卒，歸鄉里。固以彪所續前史未詳，乃潛精研思，欲就其業。既而有人上書顯宗（東漢明帝），告固私改作國史者，有詔下郡，收固繫京兆獄，盡取其家書。固弟超恐為郡所覈考，不能自明，乃馳詣闕上書，得召見，具言固所著述意，而郡亦上其書。顯宗甚奇之，召詣校書部，除蘭臺令史，遷為郎，典校秘書；帝乃復使終成前所著書。固以為漢紹堯運，以建帝業，至於六世，史臣（司馬遷）乃追述功德，私作本紀，編於百王之末，廁於秦、項之列，太初以後，闕而不錄，故探撰前記，綴集所聞，以為漢書。起元高祖，終于孝平王莽之誅，十有二世，二百三十年，綜其行事，傍貫五經，上下洽通，為春秋考紀、表、志、傳凡百篇。固自永平中始受詔，潛精積思二十餘年，至建初中乃成。當世甚重其書，學者莫不諷誦焉。固後以母喪去官。（和帝）永元初，大將軍竇憲出征匈奴，以固為中護軍，與參議。及竇憲敗，固先坐免官。固不教學諸子，諸子多不遵法度，吏人苦之。初，洛陽令種競嘗行，固奴干其車騎，吏椎呼之，奴醉罵，競大怒，畏憲不敢發，心銜之。及竇氏賓客皆逮考，競因此捕繫固，遂死獄中。時年六十一。論曰：司馬遷、班固父子，其言史官載籍之作，大義粲然著矣。議者咸稱二子有良史之才。遷文直而事覈，固文贍而事詳。若固之序事，不激詭，不抑抗，贍而不穢，詳而有體，信哉其能成名也。

以下簡編班固繫年：（註一）

東漢光武帝建武八年（公元三二年），班固（字孟堅），出生，一歲；父彪（字叔皮），是年廿九歲；弟班超也生於此年。

建武十三年，六歲，父彪為徐令。

建武十六年，九歲，「能屬文，誦詩賦」。

建武二十年，十三歲，王充見之，拊其背謂彪曰：此兒必記漢事。「不以才能高人，諸儒以此慕之。」

註一：班固生平繫年，主要參考鄭鶴聲，《班固年譜》；安作璋，《班固與漢書》附表㈡〈班固年表〉；安作璋，《班固評傳：一代良史》附錄㈡〈班固年表〉。施丁主編，《漢書新注》附錄三，〈班固年譜簡編〉。

建武二十一年，十四歲，妹班昭（一名姬，字惠班；曹世叔妻，號曰曹大家）約生於此年。至此，又參閱《後漢書》〈班超（附子勇）列傳〉，即可條列班固上下五代世系：曾祖班況—祖班穉—父班彪—班固、班超、班昭—班勇（班超子）。

建武二十三年，十六歲，父彪爲司徒掾（輔佐），約開始着手《（史記）後傳》。班固入洛陽太學讀書。「及長，遂博貫載籍，九流百家之言，無不窮究；所學無常師，不爲章句，舉大義而已。」（至二十三歲，因父卒而離開太學，返鄉居憂）。

建武二十九年，二十二歲，父彪爲望都（今河北保定）長。

建武三十年，二十三歲，父彪「卒官，年五十二。」遺作《（史記）後傳》數十篇。（註二）

建武三十一年，二十四歲，居父喪，作〈幽通賦〉以明志；利用時間展讀其父《後傳》遺稿。

建武中元二年，二十六歲，光武帝崩；太子嗣位，爲顯宗孝明帝。

明帝永平元年（公元五八年）至五年，二十七歲至三十一歲，在家私撰《漢書》。「既而有人上書顯宗，告固私改作國史者，有詔下郡，收固繫京兆獄，盡取其家書。固弟超恐固

註二：東漢王充《論衡》〈超奇篇〉：「班叔皮續太史公書百篇以上」；《後漢書》〈班彪列傳〉：「乃繼採前史遺事，傍貫異聞，作後傳數十篇」；劉知幾《史通（外篇）》〈古今正史〉：「司徒掾班彪，作後傳六十五篇。」

爲郡所覈考，不能自明，乃持詣闕上書，得召見，具言固所著述意，而郡亦上其書。顯宗甚奇之，召詣校書部，除蘭台令史。」

永平六年，三十二歲，「遷爲郎，典校秘書，帝乃復使終成前所著書。」至此，具有奉詔官撰《漢書》性質與地位。

永平七年，三十三歲，「自爲郎後，遂見親近，時京都修起宮室，而關中耆老猶望朝廷西顧；固乃上《兩都賦》，盛稱洛邑制度之美，以折西賓淫侈之論。」

永平十六年，四十二歲，弟班超出使西域。

永平十七年，四十三歲，撰〈神雀賦〉。

永平十八年，四十四歲，明帝崩，太子嗣位，爲肅宗孝章帝。

章帝建初元年，四十五歲，「及肅宗雅好文章，固愈得幸，數入讀書禁中，或連日繼夜。每行巡狩，輒獻上賦頌，賞賜恩寵甚渥，作〈答賓戲〉以自通。」

建初四年，四十八歲，「天子會諸侯講論《五經》，作《白虎通德論》（或稱《白虎通義》），令固撰集其事。」

建初七年（公元八二年），五十一歲，《漢書》大抵撰成，「固自永平中始受詔，潛精積思二十餘年，至建初中乃成，當世甚重其書，學者莫不諷誦焉。」（《後漢書》〈列女傳・曹世叔妻〉：「兄固著《漢書》，其〈八表〉及〈天文志〉未及竟而卒，和帝詔昭就「東觀」

藏書閣（又詔馬續）踵而成之。」

章帝元和元年，五十三歲，作帝〈南巡頌〉。

元和二年，五十四歲，作帝〈東巡頌〉。

章帝章和二年，章帝崩，太子嗣位，爲孝和帝。

和帝永元元年，五十八歲，〈班固列傳〉：「永元初，大將軍竇憲出征匈奴，以固爲中護軍，與參議。」〈竇憲列傳〉：「拜憲車騎將軍，以執金吾耿秉爲副，大破（匈奴單于），遂登燕然山，去塞三千餘里刻石勒功，紀漢威德，令班固作銘。」

永元三年，六十歲，弟班超任西域都護。

永元四年（公元九二年），六十一歲，「及竇憲敗，固先坐免官。固不教學諸子，諸子多不遵法度，吏人苦之。初，洛陽令種競嘗行，固奴干其車騎，吏椎呼之，奴醉罵，競大怒，畏憲不敢發，心銜之。及竇氏賓客皆逮考，競因此捕繫固，遂死獄中，時年六十一。」（註三）

註三：尹章義教授以《後漢書》〈鄭弘列傳注〉之「春行」及〈周章列傳〉中之「行春」等，詳予考正班固「生年當在建武十年，而卒於永元六年」（同樣得年六十一），復承杜維運教授「諟正刪訂」。請參閱尹章義，〈班固之生卒年〉，《食貨月刊》，九卷十二期，六十九年三月。

二、《漢書》成書與注本

《漢書》書名由班固所自定，《漢書》卷一百〈敘傳〉：

> 漢紹堯運，以建帝業，至於六世，史臣（司馬遷）乃追述功德，私作本紀，編於百王之末，廁於秦、項之列；太初以後，闕而不錄，故探篹前記，綴集所聞，以述漢書，起元高祖，終于孝平王莽之誅，十有二世，二百三十年，綜其行事。

蓋知班固是因不稱意於司馬遷以漢史「編於百王之末，廁於秦、項之列」之「通史」，而述「起元高祖，終于孝平王莽之誅，十有二世，二百三十年」之「斷代史」；爲廿五史「斷代史」書鼻祖。而後，《三國志》、《後漢書》、《晉書》、《宋書》、《（南）齊書》、《梁書》、《陳書》、《（北）魏書》、《北齊書》、《北周書》、《隋書》、《舊唐書》、《新唐書》（以上多沿用班固而稱「書」）、《舊五代史》、《新五代史》、《宋史》、《遼史》、《金史》、《元史》、《明史》、《新元史》等皆爲「斷代史」書。即劉知幾《史通》內篇〈斷限〉所云：

> 漢書者，紀十二帝之時，有限斯極，唯留漢日，既往不諫，而後之作者，咸習其途，一成其例，莫之敢移。

班固所著述《漢書》又稱《前漢書》，乃因范曄《後漢書》一出，世人爲作區別而分稱，首見於梁元帝蕭繹《金樓子》〈聚書篇六〉：「又使孔昂寫得前漢後漢史記三國志。」

至於班固《漢書》作史成書年歲蓋凡二十五年，即上節簡編班固繫年，自明帝永平元年（公元五八年）至五年，「固以彪所續前史未詳，乃潛精研思，欲就其業」，在家私撰《漢書》，即而有人上書顯宗（明帝），告固私改作國史者，（弟超乃持詣闕上書，得召見），顯宗甚奇之，召詣校書部，除蘭台令史；隔年（永平六年），「遷爲郎，典校秘書，帝乃（詔）復使終成前所著書」；又至章帝建初七年（公元八二年）撰書成，凡約二十五年。「固自永平中始受詔（永平六年受帝詔，唯元年已開始撰書），潛精積思二十餘年，至建初中乃成，當世甚重其書，學者莫不諷誦焉。」

陳漢章《綴學堂初稿》卷二〈馬班作史年歲考〉：「班固作《漢書》二十五年，始永平元年，終建初七年。」鄭鶴聲〈班固年譜〉持引此說。

若自父彪卒於建武三十年（公元五四年），固乃利用居憂時間拜閱其父《後傳》遺稿；甚至「其〈八表〉及〈天文志〉未及竟而卒，（既早云至建初中乃成，或蓋指未及全部審訂完稿）和帝詔（其妹）昭就東觀藏書閣（又詔馬續）踵而成之。」

因此，趙翼《廿五史箚記》〈班固作史年歲〉云：

> **是固成此書，已積二十餘年，凡經四人（父彪、固、妹昭及馬續）之手而成，閱三四十年，始完成書，然後知其審訂之密也。**

至於歷代爲《漢書》作注解的，有很多注家，劉知幾《史通》外篇〈古今正史〉：

《漢書》始自漢末，迄乎陳世，為其注解者，凡二十五家。

據唐・顏師古《漢書敘例》，諸家注釋有荀悅、服虔、應邵（並後漢人），蘇林、如淳、孟康（並魏人），張晏，韋昭（吳人），晉灼、郭璞、蔡謨（並晉人），臣瓚、崔浩（後魏人）等二十多家。

唯顏師古主要根據以服虔、應邵、晉灼、蔡謨、臣瓚等注家爲主，折衷五家之說而潤色之。

至清代，疏證補注《漢書》，著名者計有：

齊召南等《前漢書考證》、杭世駿《漢書蒙拾》、王鳴盛《漢書商榷》、趙翼《史漢箚記》、錢大昕《漢書辨疑》、王念孫《讀（漢）書雜誌》、洪亮吉《漢書發伏》、梁玉繩《漢書人表考》、沈欽韓《漢書疏證》、周壽昌《漢書注校補》、吳汝綸《漢書點勘》、沈家本《漢書瑣言》、王先謙《前漢書補注》等；其中，以沈欽韓、周壽昌、王先謙注本較佳，尤其王先謙（周壽昌門人，得其真傳）的《前漢書補注》，首印刊行於光緒二十六年（公元一九〇〇年）搜羅豐富，詳於考注，精究三十多年，抄集各家注說，取捨至深，功力甚勤，為顏師古之後，至今目前通行的極佳注本，也是

研讀《漢書》至要參閱的著作。（註四）

班固除了撰述《漢書》百篇之外，又〈班固列傳〉云：

固所著〈典引〉、〈賓戲〉、〈應譏〉、詩、賦、銘、誄、頌、書、文、記、論、議、六言，載者凡四十一篇。

茲依嚴可均《全上古三代秦漢三國六朝文》、張溥《班蘭台集》與丁福保《班孟堅集》，臚列班固文篇目如下：

〈白虎通德論〉（或稱〈白虎通義〉、〈白虎通〉）：白虎觀是東漢皇帝與儒生大臣在洛陽北宮講學之地，章帝建初四年，親自主持與班固、楊終、賈逵等十餘位今文經與古文經代表，會議論辯兩派之爭，後由史臣班固記錄，史稱〈白虎通德論〉，它是繼西漢董仲舒之後，進一步將儒家與陰陽五行和讖緯揉合為「天人合一」學說，作為當時帝王封建統治的合理詮釋。

〈典引〉、〈答賓戲〉（作答他賓戲譏其無以及時獲致功名）

詩：〈漢頌論功歌詩〉、〈白雉詩〉。（獲白雉啓祥瑞，章皇德膺天慶。）

賦：〈兩都賦〉（對洛陽、長安兩都之描述與對比）、〈幽通賦〉、〈終南山賦〉、〈竹

註四：請參閱李威熊教授，《漢書導讀》，第八章，〈漢書注本及有關漢書的重要著述〉。

扇賦〉。

銘：〈封燕然山銘〉、〈高祖泗水亭碑銘〉、〈十八侯（蕭何、樊噲、張良、周勃、曹參、陳平、張敖、酈商、灌嬰、夏侯嬰、傅寬、靳歙、王陵、韓信、陳武、蟲達、周昌、王吸）銘〉。（註五）

誄：〈馬叔持誄〉。

頌：〈高帝頌〉、〈神雀頌〉（永平十七年，京都洛陽有神雀飛來，固上〈神雀頌〉以歌頌皇帝威德，祥瑞顯應）、〈孝明帝頌〉、〈東巡頌〉、〈南巡頌〉、〈竇車騎將軍北征頌〉等。

書：〈與弟（班）超書〉，〈與陳文通書〉、〈與竇憲牋〉。

文：〈涿邪山祝文〉。

記：〈奏記東平王蒼〉及〈建武注記〉、〈功臣平林新市公孫述列傳載記〉。

論：〈功德論〉、〈秦紀論〉。

議：〈與匈奴和親議〉、〈與賈逵上表奏請楊終與諸儒議五經同異〉。

由以上所錄，可見班固（孟堅）誠「專篤志於博學，以著述爲業」，蓋撰書爲樂業，博

註五：可參閱張溥，《班蘭台集》與顧炎武，《日知錄》卷二十七，〈漢書（十八侯贊）〉。

學好記，文章冠於當世。

三、《漢書》著述動機

班固述作《漢書》之動機旨趣，主要有補齊《史記》而續太初之後；克紹父志未竟之業；受皇帝詔命；特意尊漢，斷代為書，整齊體例；為立言自娛斯人，輔世成名，列炳後人。以下概述之：

1. 補齊《史記》而續太初之後：

《漢書》〈敘傳〉：

漢紹堯運，以建帝業，至於六世，史臣（司馬遷）乃追述功德，私作本紀，編於百王之末，廁於秦項之列，太初以後，闕而不錄。故探篹前記，綴輯所聞，以述漢書。

可知班固欲補正司馬遷把漢史「編於百王之末，廁於秦項之列」，又因史遷於武帝「太初以後，闕而不錄」，故「探篹前記，綴輯所聞，以述漢書，起元高祖，終于孝平王莽之誅，十有二世，二百三十年，綜其行事，為紀、表、志、傳，凡百篇。」

2. 克紹父志未竟之業：

《後漢書》〈班彪列傳〉：

班彪才高而好述作，遂專心史籍之間。武帝時，司馬遷著史記，自太初以後，闕而不錄，後好事者頗或綴集時事，然多鄙俗，不足以踵繼其書。彪乃繼採前史遺事，傍貫異聞，作後傳數十篇，因斟酌前史而譏正得失。其略論曰……孝武之世，太史令司馬遷採左氏、國語，刪世本、戰國策，據楚、漢列國時事；遷之所記，從漢元至武以絕。至於採經摭傳，分散百家之事。甚多疏略，其論述學，則崇黃老而薄五經；序貨殖，則輕仁義而羞貧窮；道游俠，則賤守節而貴俗功：此其大敝傷道，所以遇極刑之咎也。

因此，班固乃欲克紹父志未竟之業，〈班彪列傳〉又云：

父彪卒，歸鄉里。固以彪所續前史未詳，乃潛精研思，欲就其（父）業。既而有人上書顯宗，告固私改作國史者，有詔下郡，收固繫京兆獄，盡取其家書。固弟超恐固為郡所覈考，不能自明，乃馳詣闕上書，得召見，具言固所著述意，而郡亦上其書。顯宗甚奇之，召詣校書部，除蘭臺令史。

3.受皇帝詔命終成著書：

班固祖父班穉之妹爲漢成帝婕妤，得寵，班彪父子乃屬外戚，受漢室恩護。故明帝（顯宗）召見其弟班超，遂對班固「甚奇之，召詣校書部，除蘭臺令史。遷爲郎，典校秘書，（遂見親近），帝乃（詔）復使終成前所著書。」

4.特意尊漢，斷代爲書，整齊體例：

班氏因屬受恩澤外戚，父彪當官，弟超後爲西域都護定遠侯，妹班昭「帝數召入宮，令皇后諸貴人師事焉，號曰大家。」；「及肅宗（章帝）雅好文章，固愈得幸，數入讀書禁中，或連日繼夜，賞賜恩寵甚渥。」因此，特意遵漢，「固以爲漢紹堯運，以建帝業。」「盛哉！皇家帝世，德臣列辟，功君百王，榮鏡宇宙，尊無與抗」，又因司馬遷仗義爲李陵降匈奴事直言，却觸怒得罪武帝而遭腐刑身毀；且班固亦嘗在家私作國史遭誣，幾下罪獄死，殷鑑不遠，那敢大膽着墨自己所處的東漢當代？所以，「探篹前記，綴集所聞，以爲漢書。起元高祖，終于孝平王莽之誅，十有二世，二百三十年，綜其行事，爲紀、表、志、傳凡百篇。」而「明哲保身」，斷代爲書，整齊體例。

5. 自娛斯文，輔世成名，列炳於後人：

《漢書》卷一百〈敘傳〉中，達賓戲主人對問曰：

故太上有立德，其次有立功；夫德不得後身而特盛，功不得背時而獨章……輔世成名，可述於後者……用納虖聖聽，列炳於後人，故密爾自娛於斯文。

亦即，班固藉著述《漢書》自娛斯文，輔當世並欲「立名」而炳耀於後人。

四、《漢書》著述取材

《漢書》資料來源有襲用司馬遷《史記》、紹續其父班彪《後傳》、博採孔儒五經眾家學說、班昭馬續增補資料等，以下概述之。

1. 襲用司馬遷《史記》：漢武太初以前，大多因襲《史記》；趙翼《廿二史箚記》：

〈班固作史年歲〉：漢書武帝以前，紀、傳、表多用史記文。〈史漢不同處〉：今以漢書比對，武帝以前，如〈高祖紀〉及諸王侯年表，諸臣列傳，多與《史記》同，並有全用《史記》文，一字不改者，然後知正史之未可輕議也。〈漢書移置史記文〉：《漢書》武帝以前紀傳，多用《史記》序文，惟移換之法，別見剪裁。

2. 紹續其父班彪《後傳》，《後漢書》〈班彪列傳〉：

彪既才高而好述作，遂專心史籍之閒。武帝時，司馬遷著史記，自太初以後，闕而不錄，後好事者頗或綴集時事，然多鄙俗，不足以踵繼其書。彪乃繼採前史遺事，傍貫異聞，作後傳數十篇，因斟酌前史而譏正得失。

建武三十年，父彪卒官，班固返鄉居父喪，遂拜讀《後傳》遺稿。因此，班固「以彪所續前史未詳，乃潛精研思，欲就其（父）業。」而云：

漢紹堯運，以建帝業……（史臣遷於）太初以後，缺而不錄，故探篹前記，綴集所聞，以為《漢書》。

吾人觀乎《漢書》卷七十三〈韋賢傳〉，卷八十四〈翟方進傳〉與卷九十八〈元后傳〉，三傳最末之贊均書有「司徒掾班彪曰」六字，正是顯現流露班固紹續其父《後傳》文章。

3. 博採孔儒五經眾家學者之說：

「班固召詣校書部，除蘭臺令史；遷爲郎，典校秘書，復使終成前所著書。」「及肅宗（章帝）雅好文章，數入讀書禁中，或連日繼夜，賞賜恩寵甚渥。」是知班固有幸日夜隨時出入蘭臺禁中官府典藏文書功令秘籍之地，得能「總百世，贊篇章，通古今，正文字」（敘傳）「傍貫五經，上下洽通，爲春秋考紀、表、志、傳凡百篇」（班固列傳）。

班固尊崇孔子，《漢書》卷五十四〈李廣蘇建（附子蘇武）傳〉，採引孔子言贊曰：

> 孔子稱「志士仁人，有殺生以求仁，無求生以害仁」「使於四方，不辱使命」，蘇武有之矣。

又於〈古今人表〉用孔子言：

> 子曰：「若聖與仁，則吾豈敢？何事於仁？必也聖乎！」又曰：生而知之者，上也；學而知之者，次也；困而學之，又其次也；困而不學，民斯而下矣。又曰：中人以上，可以語上也；唯上智與下愚不移……因茲以列九等之序，總備古今之略要云。

班固且博採「五經」以述《漢書》，諸如：

引《詩經》：卷三十二〈司馬遷傳〉

> 〈大雅〉：「既明且哲，能保其身，難矣哉！」

卷四十四〈淮南、衡山、濟北王傳〉及卷六十四〈嚴、朱、吾丘、主父、徐、嚴、終、王、賈傳〉，皆於傳末

> 引《詩經》贊曰：詩云稱「戎狄是膺，荊舒是懲」。

採《書經》：卷三十五〈荆、燕、吳（王）傳〉，以《逸周書》語評朝錯：

朝錯禍反其身，「毋為權首，將受其咎」，豈謂錯哉！

用《周禮》：卷十九〈百官公卿表〉序言：《周官》則備矣。

天官、地官、春官、夏官、秋官、冬官，是為六卿。

引《易經》：卷十九〈百官公卿表〉序言：

《易》敘宓（伏）羲、神農、黃帝作教化民。又卷六十三〈武（帝）五子傳〉末贊曰：

巫蠱之禍，豈不哀哉！亦有天時，《易》曰：天之所助也，順也；人之所助者，信也；君子履信思順，自天祐之，吉無不利也。

採《春秋》：卷五十三〈景（帝）十三王傳〉末贊曰：

昔魯哀公有言：寡人生於深宮之中，長於婦人之手，未嘗知憂，未嘗知懼……是故吾人以宴安為鴆毒。

乃採《春秋左氏傳》：「宴安鴆毒，不可懷也。」又，卷八十八〈儒林傳〉末贊曰：

自武帝立五經……《（尚）書》，《易（楊）》，（大小戴）《禮》，（公羊、穀梁、左氏）《春秋》，《毛詩》，所以罔羅遺失，兼而存之，是在其中矣。

班固《漢書》史料更博採諸家學者之說，多載有用文字，如卷二十七〈五行志〉採董仲舒、劉向、歆父子論說；卷三十〈藝文志〉引劉歆《七略》；卷八十七〈揚雄傳〉錄其〈甘泉賦〉、〈校獵賦〉、〈太玄〉、〈法言〉等。

正如劉知幾《史通》〈古今正史〉所言：

> 史記所書，年止漢武；其後劉向、向子歆，及諸好事者，若馮商、揚雄等，相次撰續，迄於哀、平間。至建武中，司徒掾班彪……作後傳六十五篇。其子固，以父所傳，未盡一家，乃為《漢書》，紀、表、志、傳百篇。

趙翼《廿史箚記》〈漢書多載有用之文〉亦云：

> 《漢書》增載之文，摘開于後，如〈賈誼傳（治安策）〉，〈鼂錯傳（募民徙塞下疏）〉，〈路溫舒傳（尚德緩刑疏）〉，〈公孫弘傳（賢良策）〉……至如揚雄〈甘泉賦〉、〈校獵賦〉、〈太玄〉、〈法言〉等序目。

4. 班昭馬續增補資料：

《後漢書》〈班固列傳〉：「固潛精積思二十餘年，至建初中乃成；當世甚重其書，學者莫不諷誦焉。」又，〈列女傳（曹世叔妻班昭）傳〉又云：「兄固著漢書，其八表及天文志未及竟而卒」，蓋或指班固未及全部審訂完稿，帝乃詔班昭馬續增補之。

第二節　《漢書》紀表志傳百卷內容

《漢書》卷一百〈敘傳〉：

固以為漢紹堯運，以建帝業，至於六世，史臣乃追述功德，私作本紀，編於百王之末，廁於秦、項之列。太初以後，闕而不錄，故探篹前記，綴集所聞，以述漢書，起元高祖，終于孝平王莽之誅，十有二世，二百三十年，綜其行事，旁貫五經，上下洽通，為春秋考紀、表、志、傳，凡百篇。

又，《後漢書》〈班彪列傳〉：「今此後篇，慎覈其事，整齊其文，不爲世家，（人物）唯紀、傳（本紀改爲紀，列傳改爲傳，四體皆單詞）而已。」

《漢書》四體構成內容爲紀十二，表八，志十，傳七十，凡百卷；唯唐・顏師古集注《漢書》時，以部分卷帙過於繁重，乃析爲子卷，其中，

〈高帝紀〉分上、下卷，多一子卷。

〈王子侯表〉、〈百官公卿表〉各分上、下子卷，故多二子卷。

〈律曆志〉、〈食貨志〉、〈郊祀志〉、〈地理志〉各分上、下子卷，而〈五行志〉析

爲上、中上、中下、下上、下下五子卷，即多八子卷。〈司馬相如傳〉、〈嚴朱吾丘主父徐嚴終王賈傳〉、〈揚雄傳〉、〈匈奴傳〉、〈西域傳〉、〈外戚傳〉、〈敘傳〉，各析爲上、下子卷，而〈王莽傳〉分上、中、下三子卷，計多九子卷。即紀表志傳四體共多析分二十子卷，即由古舊本原著百卷，演變成爲一百二十卷（篇），亦即鄭樵《通志》〈藝文略〉及《四庫全書總目》所稱《漢書》一百二十卷，原因在此。

茲簡表《漢書》內容如下：

體例別	卷數	篇目（舉例）
紀	一二	〈高帝紀〉、〈惠帝紀〉、〈高后紀〉、〈文帝紀〉、〈景帝紀〉、〈武帝紀〉、〈昭帝紀〉、〈宣帝紀〉、〈元帝紀〉、〈成帝紀〉、〈哀帝紀〉、〈平帝紀〉。
表	八	〈異姓諸侯王表〉、〈諸侯王表〉、〈王子侯表〉、〈高惠高后文功臣表〉、〈景武昭宣元成功臣表〉、〈外戚恩澤侯表〉、〈百官公卿表〉、〈古今人表〉。
志	一〇	〈律曆志〉、〈禮樂志〉、〈刑法志〉、〈食貨志〉、〈郊祀志〉、〈天文志〉、〈五行志〉、〈地理志〉、〈溝洫志〉、〈藝文志〉。
傳	七〇	〈陳勝項籍傳〉、〈蕭何曹參傳〉、〈淮南衡山濟北王傳〉、〈賈誼傳〉、〈爰盎鼂錯傳〉、〈李廣蘇建傳〉、〈衛青霍去病傳〉、〈董仲舒傳〉、〈司馬相如傳〉、〈張騫李廣利傳〉、〈司馬遷傳〉、〈東方朔傳〉、〈霍光金日磾傳〉、〈揚雄傳〉、〈儒林傳〉、〈循吏傳〉、〈酷吏傳〉、〈貨殖傳〉、〈游俠傳〉、〈佞幸傳〉、〈匈奴傳〉、〈西南夷兩粵朝鮮傳〉、〈西域傳〉、〈外戚傳〉、〈元后傳〉、〈王莽傳〉、〈敘傳〉等。

一、十二紀

1.〈高帝紀〉

劉邦，字季，沛豐人，爲泗上亭長，與呂后生孝惠帝、魯元公主；秦二世元年七月，陳涉起義；爲沛令（沛公）；秦王子嬰元年冬十月，沛公至霸上，子嬰降，沛公西入咸陽，約法三章，秦民大喜；見項羽鴻門，因張良、樊噲而未爲范增、項莊舞劍擊殺；羽殺秦降王子嬰，爲西楚霸王，立沛公爲漢王，入漢中，還三秦；漢五年十二月，圍羽垓下，四面楚歌，羽自剄，遭斬；漢王即皇帝位於定陶，旋西都洛陽，以蕭何、子房（張良）、韓信爲三人傑，復因婁（劉）敬與張良勸，西都長安。十年九月，陳豨反；十一年正月，淮陰侯韓信謀反，夷三族；三月，梁王彭越反，夷三族；十二年冬十月，上過沛，作〈大風歌〉；周勃斬陳豨；在位十二年，卒於長樂宮，年五十三，尊號高皇帝。

2.〈惠帝紀〉

惠帝，高祖太子，母呂皇后；高祖崩，即帝位，尊皇后曰皇太后；五年，相國曹參薨；七年八月，帝崩於未央宮。

贊曰：孝惠內修親親，外禮宰相，寬仁之主，遭呂太后虧損至德，（以憂疾不聽政而崩），悲夫！

3.〈高后紀〉

高后呂氏，生惠帝，佐高祖定天下；惠帝崩，太后臨朝稱制，立兄子呂台、產、祿，台子通四人爲王。

八年七月，皇太后崩未央宮；上將軍祿，相國產秉政，因謀作亂，齊悼惠王子朱虛侯與太尉周勃、丞相陳平內應，誅諸呂；大臣相謀，尊立代王爲文帝。

4.〈文帝紀〉

文帝，高祖中子，母薄姬；高后崩，陳平、周勃等大臣立代王，即天子位；二年十月，丞相陳平薨；賜農民田租減半，賜天下孤寡布帛絮各有數，十三年五月，除肉刑法；十五年九月，舉賢良，親策之；後元七年六月，崩於未央宮，遺詔：「死者天地之理，物之自然，厚葬以破業，吾甚不取。」

贊曰：孝皇文帝即位二十三年，以德化民，海內殷富，興於禮義，幾致刑措，仁哉！

5.〈景帝紀〉

景帝，文帝太子，母竇皇后。

三年正月，吳王劉濞、楚王劉戊、膠東王、膠西王、濟南王、菑川王、趙王等舉兵反；帝遣太尉周亞夫等兵擊之，斬御史大夫鼂錯以謝七國；三月，諸將破七國，斬吳王，餘六王皆自殺；後元三年，帝崩未央宮，在位十六年。

贊曰：漢興，與民休息，孝文恭儉，孝景遵業，移風易俗，黎民醇厚；周云成康，漢言文景（之治），美矣！

6.〈武帝紀〉

武帝，景帝中子，母曰王美人，七歲爲皇太子，十六歲即位。

建元（中國帝王第一個年號）五年，置五經博士。

元光元年，詔賢良，親覽對策，董仲舒、公孫弘出焉；六年，遣衛青擊匈奴。

元朔元年春，立皇后衛氏；二年，遣衛青擊匈奴，置朔方、五原郡。

元狩元年十一月，淮南王劉安、衡山王劉賜謀反，誅；二年，遣張騫、李廣擊匈奴；四年，遣衛青、霍去病將兵圍殺匈奴。

元鼎六年，定越地，置南海、蒼梧、鬱林、合浦、交阯、九真、日南、珠崖、儋耳等九郡；又置武威、張掖、酒泉、敦煌四郡。

元封元年，封泰山，禪梁父肅然山；二年十月，臨決河，命從臣將軍以下皆負薪塞河隄，作〈瓠子之歌〉。

太初四年春，貳師將軍李廣利斬大宛王首，獲汗血馬來，作〈西極天馬之歌〉。

天漢二年，李陵兵敗，降匈奴。

太始四年，行幸泰山；祀高祖、孝景皇帝于明堂。

征和二年七月，使者江充等掘蠱太子宮，太子與皇后謀斬充，太子亡，旋自殺。

後元二年二月，立皇子劉弗陵爲皇太子；帝崩，在位五十四年，壽七十一，葬茂陵。

贊曰：孝武罷黜百家，表章六經，興太學，改正朔，定曆數，雄才大略，號令文章，煥焉可述。

7.〈昭帝紀〉

昭帝，武帝少子，母趙倢伃；武帝後元二年二月疾病，立弗陵爲太子，年八歲，以大司馬大將軍霍光，受遺詔輔太子；武帝崩，太子即位，霍光秉政，金日磾、上官桀副焉。

始元六年，蘇武前使匈奴，留單于庭十九年乃還，奉使全節，以武爲典屬國（掌歸義蠻夷）。

元平元年，帝崩未央宮。

贊曰：孝昭幼年即位，委任霍光，各因其時以成名。

8.〈宣帝紀〉

宣帝，武帝曾孫。

地節二年春，大司馬大將軍霍光薨。

元康四年春，詔曰：朕惟耆老之人……自今，年八十以上，非誣告殺傷人，佗（其他）皆勿坐。

黃龍元年十二月，帝崩。

贊曰：孝宣之治，吏稱其職，民安其業，功光祖宗，業垂後世，可謂中興。

9.〈元帝紀〉

元帝，宣帝太子。

初元三年，珠厓反，博謀眾臣，賈捐之以爲宜棄罷珠崖，救民饑饉。

竟寧元年春，匈奴虖韓邪單于來朝，賜單于待詔掖庭王檣（昭君）爲（單于后）閼氏。

五月，元帝崩。

10.〈成帝紀〉

成帝，元帝太子。

河平三年秋，光祿大夫劉向校中秘書。

綏和二年三月，帝崩。

11.〈哀帝紀〉

哀帝，元帝庶孫。

元壽二年五月，董賢爲大司馬，六月，帝崩。

贊曰：孝哀即位痿痺（兩腳痲痺），末年寖（漸）劇，饗國不永（年僅二十五），哀哉！

12.〈平帝紀〉

平帝，元帝庶孫，九歲即位，大司馬莽秉政，百官聽於莽。元始元年，羣臣奏言大司馬莽功德比周公，賜號「安漢公」。五年，劉歆等四人使治明堂，令漢與文王靈臺、周公作洛（邑）同符，宣明德化。冬十二月，帝崩，年僅十四。

贊曰：孝平之世，政自莽出；至乎變異見於上，民怨於下，莽亦不能文（飾）也。

《漢書》十二帝（后）紀前後順序表如下：

(1)高帝（在位十二年）→(2)惠帝（七年）→(3)高后（八年）→(4)文帝（二十三年）→(5)景帝（十六年）→(6)武帝（五十四年）→(7)昭帝（十三年）→(8)宣帝（二十五年）→(9)元帝（十六年）→(10)成帝（二十六年）→(11)哀帝（六年）→(12)平帝（五年）；加上孺子嬰四年、王莽十五年，凡二百三十年。

二、八　表

《漢書》有八表，以下概述之。

1.〈異姓諸侯王表〉

項羽自立爲西楚霸王，主天下，立十八王；高祖初封漢王，五年，項羽死，漢王統一天下，爲皇帝，又分封異姓諸王，有韓信、盧綰、彭越、吳芮、韓王信、英（黥）布等。

2.〈諸侯王表〉

漢興，海內初定，同姓寡少，戒亡秦孤立之敗，乃同姓封侯尊王，自始封至七世孫，列表明之；有楚元王劉交、齊悼惠王劉肥、淮南厲王劉長、代王劉恒（後被迎立為文帝）、梁孝王劉武、河間獻王劉德、魯共王劉餘、中山靖王劉勝、膠東王劉徹（後為武帝）等。

3.〈王子侯表〉

漢武帝制詔推私恩分子弟，支庶畢侯，自始封至玄孫，列表見之；有朱虛侯劉章（齊悼惠王子，後為城陽王），安陽侯劉勃（淮南厲王子，後為衡山王）等。

4.〈高、惠、高后、文功臣表〉

帝王之興，建輔弼之功臣與共成天功，以固根本。有蕭何、曹參、張良、陳平、夏侯嬰、周勃、樊噲、酈商、灌嬰、韓信、周緤、張蒼、申屠嘉等。

5.〈景、武、昭、宣、元、成功臣表〉

孝景帝以來之功臣有直不疑、蘇建、張騫、路博德、李廣利、金日磾、楊惲等。

6.〈外戚恩澤侯表〉

漢興，外戚（呂后）與定天下，故誓曰：「非劉氏不王，若有亡（無）功非上所置而侯者，天下共誅之。」是以高后欲王諸呂、王陵廷爭；是後衛（青）、霍（去病）之侯，以功受爵；其餘后父據《春秋》褒紀之義，帝舅緣（大雅）申伯之意，寖（漸）廣博矣。本表明列受恩澤而侯者有呂公（呂后父）、呂勝（呂后昆弟）、竇嬰（皇太后昆弟）、田蚡、田勝（皇太后同母弟）、衛青（皇后衛子夫弟）、霍去病（皇后姊衛少兒子）、霍光、上官桀（女孫爲皇后）、董賢（侍中駙馬都尉）等。

7.〈百官公卿表〉

表前序略言「《易》敘宓（伏）羲、神農、黃帝作教化民，而（春秋左氏）傳述其官；《周官（周禮）》備天、地、春、夏、秋、冬官爲六卿，各有徒屬職分，用於百事。太師、太傅、太保（或說司馬、司徒、司空）爲三公，又立少師、少傅、少保副之，爲孤卿，與六卿爲九卿。概述百官職名、職掌及其演變沿革；又表內舉蕭何、曹參、王陵、周勃、張蒼、朝錯、周亞夫、田蚡、公孫弘、衛青、霍去病、桑弘羊、霍光、金日磾、上官桀、王莽等職官例，錄而明之。

章學誠《文史通義》〈永清縣志職官表序例〉稱贊「班氏百官之表，所載詳及九卿，能使流覽者，按簡而無復遺逸也。」

8.〈古今人表〉

班固《漢書》以古今人列九等（上上聖人、上中仁人、上下智人；中上、中中、中下；下上、下中、下下愚人），而表明之略要。

第一等「上上聖人」有黃帝、堯、舜、禹、湯、文王、武王、周公、仲尼（孔子）等。

第二等「仁人」有伊尹、伯夷、叔齊、管仲、吳季札、鄭子產、左丘明、顏淵、閔子騫、子思、孟子、孫卿（荀子）等。

第三等「智人」有董狐（史官）、齊太史（史官）、范蠡等。

第四等「中上」之人有老子、大夫種、商鞅、韓非等。

秦始皇、李斯、項羽，陳勝列第六等。

最末第九等「下下愚人」有妲己（商紂妃）、褒姒（周幽王妃）、晉驪姬（諸子爭立）、趙高等。

此表千餘年來，聚訟爭議最多，尤其是把老子列在第四等，失當。《漢書》卷八十七〈揚雄傳〉，舉桓譚語曰：「昔老聃著虛無之言（道德經），後世好之者尙以爲過於五經，自漢文景之君及司馬遷皆有是言。」

唐．劉知幾《史通》〈表歷〉：

> 異哉！班氏之〈（古今）人表〉也，區別九品，網羅千載，其書，上自庖（伏）犧，下窮嬴氏，不言漢事，而編入《漢書》，鳩居鵲巢，蔦施松上，附生疣贅，不知剪截，何斷而為限乎？

鄭樵《通志》〈總序〉云：

> 班固以古今人物，彊立差等……出固之胸中者，古今人表耳，他人無此謬也。

清・錢大昕《二十二史考異》卷六《漢書》〈古今人表〉：

注引張晏曰：「老子玄默，仲尼所師，雖不在聖，要為大賢，而在第四？」

趙翼《廿二史劄記》〈各史例目異同〉：

《漢書》〈古今人表〉，既非漢人何煩臚列，且所分高下，亦非定詳，殊屬贅設也。

梁玉繩《漢書人表考》卷四〈老子〉條：

老子銘詆人表抑老子為失，張晏注亦然。

所以，章學誠《文史通義》外篇〈亳州志人物表例議〉篇首即言：

班固〈古今人表〉，為世詬詈久矣。

浦起龍《釀蜜集》卷二亦云：

班固〈古今人物〉一表，強分九品，為識者所笑也。

三、十　志

《索隱》曰：「書者，紀國家大體，班氏謂之志，志亦記也。」顏師古曰：「志，記也，積記其事也。」

班固「十志」用詳國家政書典章制度，書名既已稱《漢書》，故易《史記》「八書」之「書」爲「志」；名目不同，其義則一，因「志」即「書記」也。

1.〈律曆志〉

記樂律與曆法之制度因革，合《史記》之〈律書〉〈曆書〉以作。篇首序言「漢興，張蒼首律曆事；至王莽秉政，徵天下通知鐘律者百餘人，使劉歆等典領條奏，言之最詳。」

至漢武帝元封七年，壺遂、司馬遷等奏言「曆紀壞廢，宜改正朔。」

稽之於《易》，伏羲、神農、黃帝相繼之世以知，再則堯、舜、禹、湯至周春秋（凡二百四十二年）及秦滅東周與平六國。

漢興，歷高祖、惠帝、高后、文、景、武、昭、宣、元、成、哀、平帝至王莽居攝，盜襲帝位，凡二百三十年；光武帝中興復漢，改元建武，在位三十三年。

2.〈禮樂志〉

併《史記》〈禮書〉、〈樂書〉而成，用賈誼、董仲舒、劉向等人奏議對策；唯通篇詳樂略禮。

子曰：「安上治民，莫善於禮，移風易俗，莫善於樂。」

孔子適齊聞〈詔（樂）〉，三月不知肉味，頌樂之甚美也。

漢興，命叔孫通制禮儀，以正君臣之位，高祖悅而歎曰：「吾乃今日知爲天子之貴也！」

高祖既定天下，過沛，與故人父老相樂歡飲，作〈大風歌〉。

文帝時，賈誼「移風易俗，使天下回心而向道，宜定制度，興禮樂。」

武帝時，董仲舒對策：「更化則可善治，而災害日去，福祿日來矣。」元狩三年，馬生渥洼水中，作〈天馬歌〉。

篇末，言「今海內更始，民人歸本，戶口歲息，則須庠序禮樂之教化矣。」

3.〈刑法制〉

篇首，舉《周書》〈洪範〉：「王道之本，制禮以崇敬，作刑以明威。」漢興，高祖初入關「約法三章」。孝文帝，寬厚德化，刑罰大省，有刑錯之風；即位二十三年，「緹縈救父（太倉公淳于意）」，帝憐之，其除「肉刑」；又除「相（連）坐法」。宣帝元康四年，詔曰：「朕念耆老，年八十非誣告殺傷人，它皆勿坐（罪）。」

篇末，引孔子言：「王者，必世而後仁；善人為國百年，可以勝殘去殺矣。」

4.〈食貨志〉

分上下子卷，上言食，下言貨；敘武帝以前事，襲用《史記》〈平準書〉，唯增載賈誼〈論積貯疏〉、晁錯〈論貴粟疏〉、董仲舒〈諫令關中民種宿麥疏〉、〈諫令薄賦歛省繇役疏〉等有用文章，又敘至西漢末。

篇首言《洪範》八政，一曰食，二曰貨，食貨二者，食足貨通，生民之本，然後民富國實，而教化成。

賈誼說文帝曰：「夫積貯者，天下之大命也；苟粟多而財有餘，可以為富安天下。」上感誼言，開田勸百姓躬耕。

晁錯說上曰：「一日不食則飢，終歲不製衣則寒；腹肌膚寒，雖慈母不能保其子，君安能以有其民哉！」又云：「粟者，王者大用，政之本務；使天下（人）粟於邊，塞下之粟必多矣。」文帝於是從錯之言，令民入粟邊。

武帝時，董仲舒說上曰：「使關中民益種宿麥，令毋後時。」又言：「薄賦歛，省繇役，以寬民力，然後可善治也。」

武帝末年，悔征伐之事，下詔曰：「方今之務，在於力農。」

元封元年，武帝以桑弘羊爲治粟都尉，領大農，盡代（孔）僅斡天下鹽鐵，又行「平準」財經政策，天子以爲然而許之。

5.〈郊祀志〉

乃記天子於郊野祭天祀地神明之情事；武帝前，亦襲用《史記》〈封禪書〉內文。

篇首曰祀者，所以昭孝事祖，通神明也；聖王敬於禮儀，置神民之官，祈神降祥瑞，災禍不至。

武帝即位，尤敬鬼神之祀，封泰山，禪泰山下梁父肅然山；天子既已封禪，方士更言蓬萊諸神，上欣然庶幾遇之，復東至海上望焉。

6.〈天文志〉

取《史記》〈天官書〉，爲馬融弟馬續所補，並續至西漢末年，王莽纂漢。

本篇先言北斗七星、斗魁（文昌宮）、（太）歲、熒惑、太白（兵象）、五星（聚宿，其國王天下）等星宿名，復舉漢世實例驗之。

漢元年十月，五星聚，從歲星也，此高帝受命之符；漢五年，遂定天下，即位；十二年，熒惑守心（天王），宮車晏駕，帝崩。

孝惠二年，天裂，陽不足；地動，陰有餘；乃有呂氏（呂后）之亂。

孝景元年，金、水合於婺女，占曰：「爲變謀，爲兵憂」，卒有吳楚七國謀反。

武帝元鼎五年，太白入于天苑，占曰：「將以馬起兵」，後以天馬故誅大宛。

哀帝建平二年，彗星出七十餘日，傳曰：「彗而出之，改更之象；其出久，爲其事大也。」後卒有王莽篡國之禍。

7.〈五行志〉

此志（書），《史記》無。篇首以《易》曰：「天垂象，見吉凶，聖人象之；河出圖，洛出書，聖人則之。」序言，又《經》曰：「五行：一曰水，二曰火，三曰木，四曰金，五曰土。」

通篇多採董仲舒（治公羊春秋）、劉向（治穀梁春秋）、劉歆（治左氏春秋）之論及用《尚書》〈洪範〉、夏侯始昌、夏侯勝、京房之說，記河圖洛書、《春秋》之占，以徵驗吉凶福禍之事例。亦即，因大雨水災、火災、大旱不雨、大風災、大雪、冬無冰、地震及鼠牛蛇馬狗豬、飛鳥、蝗（蝗從東方飛至敦煌）螟、河魚大上等天災地變等，驗證帝后皇室、百官之安危存亡；或暗合，或穿鑿附會之說。

劉知幾《史通》批評「班氏著志，牴牾者多在於五行（志），蕪累尤甚。」

8.〈地理志〉

此志（書），《史記》無；唯志經濟地理物產有襲自《史記》〈貨殖列傳〉者。

本志在敘述歷代地理沿革，篇首收錄《尚書》〈禹貢〉全文。

上先列州、京兆尹、郡、國、地區，下敘戶、口、縣名數目。

先言九州，次列京兆尹、左馮翊、右扶風、河東、太原、上黨、河內、河南、陳留、潁川、汝南、南陽、江夏、廬江、九江、濟陰、沛、魏、鉅鹿、常山、涿、勃海、平原、千乘、濟南、泰山、齊、北海、東萊、琅邪、東海、臨淮、會稽、丹揚、豫章、桂陽、武陵、零陵、漢中、廣漢、蜀、犍爲、益州、牂柯、巴、武都、隴西、天水、武威、張掖、酒泉、敦煌、安定、北地、上、西河、朔方、五原、雲中、定襄、雁門、代、上谷、漁陽、右北平、遼西、遼東、玄菟、樂浪、南海、鬱林、蒼梧、交阯、合浦、九真、日南諸郡；趙、廣平、真定、中山、信都、河間、廣陽、甾川、膠東、高密、城陽、淮陽、梁、東平、魯、楚、泗水、廣陵、六安、長沙、鄭、陳諸國；及趙、燕、齊、魯、宋、衛、楚、吳、粵地等。

章學誠《文史通義》〈永清縣志輿地圖序例〉批評「班固〈地理（志）〉無圖，讀史而不見其（地）圖，未免冥行而擿埴矣。」

9.〈溝洫志〉

溝洫乃灌注田間水道設施，本志敘昔時水利灌溉制度，多半沿襲《史記》〈河渠書〉，唯又續至西漢末年王莽時代。篇首言大禹治水，功施乎三代；末贊曰：古人言：「微禹之功，吾其魚乎！」中國川原莫著於四瀆（黃河、濟水、長江、淮河），而（黃）河為宗；知（水於）國之利害，故備論其事。

10.〈藝文志〉

此志，《史記》無，為班固新增，旨在究考古代中國學術思想源流派別，依劉歆之〈七略〉，刪〈輯略〉，為〈六略〉，可瞭解西漢前之學術體系目錄大要，開中國經籍目錄學之始端，影響後世廣而深遠。

(1)六藝略（易、書、詩、禮、樂、春秋）之目錄大要如下：

易：楊何、韓嬰、淮南王劉安、京房等治《易經》。

書：《尚書》古文經、大小夏侯所治。

詩：（申公）魯詩、韓（嬰）詩、毛詩。

禮：戴氏（大戴、小戴）《禮記》、《周官》等。

樂：《樂記》、《師（曠）氏雅琴》

春秋：《左傳》、《公羊傳》、《穀梁傳》、董仲舒治公羊傳、左丘明《國語（春秋外傳）》、《世本》、《戰國策》、陸賈《楚漢春秋》、《太史公百三十篇》（十篇有錄無書）等。

又含《論語》、《孝經》、《爾雅》等。

(2)〈諸子略〉：有《晏子》、《孟子》、《孫卿子（荀子）》、《虞（卿）氏春秋》、劉向《說苑》、揚雄《太玄》、《法言》（以上儒家）。

老子《道德經》、《莊子》、《列子》、《黃帝銘》（以上道家）。

《鄒子（衍）》等陰陽家。

《商君（鞅）書》、《申子（不害）》、《慎子（到）》、《韓非子》（以上法家）。

《公孫龍子》、《惠子（施）》（以上名家）。

《墨子（翟）》等墨家。

《蘇（秦）子》、《張（儀）子》等縱橫家。

《呂氏（不韋）春秋》、《淮南（劉安）內外篇》（以上雜家）。

(3)〈詩賦類〉：有屈原、宋玉、賈誼、枚乘、司馬相如、王褒、司馬遷、揚雄之賦；高祖歌詩（如〈大風歌〉）等。

(4)〈兵書略〉：《孫子兵法》、《吳起兵法》、《韓信兵法》、《魏公子（無忌）兵法》、

《李(廣)將軍射法》等。

(5)〈術數略〉:《顓頊曆》、《堪輿金匱》、《宮宅地形》、《相人》等。

(6)〈方技略〉:《黃帝內外經》、《扁鵲內外經》及西漢倉公醫藥方技。

四、七十傳

1.〈陳勝項籍傳〉

本篇大率襲錄《史記》,然史遷將陳勝置於「世家」,項籍(羽)置《本紀》;唯班固特意尊漢室,班氏以進項羽、陳涉爲「條例不經」,(不似史遷之重視廣大抗秦起義人民),故敘於〈傳〉。但因襲至有差錯者,如錄「勝雖已死,其所置遣侯王將竟亡秦。高祖時爲勝置守冢于碭,至今血食。王莽敗,乃絕。」按《史記》之至「今」指「西漢」武帝時;而《漢書》之「今」應是王莽敗,後乃絕之「東漢」時代,班固不經意錄失,未刪而不自知。

2.〈張耳陳餘傳〉

此傳幾全襲錄《史記》卷八十九《張耳陳餘列傳》行誼史實,前已概述兩人略傳,茲不贅言。

3.〈魏豹田儋韓(王)信傳〉

本篇因襲《史記》卷九十〈魏豹〉、九十四〈田儋〉、九十三〈韓(王)信〉列傳,大略同。

4.〈韓彭英盧吳傳〉

此傳敘韓信、彭越、英（黥）布、盧綰、吳芮傳。

此篇與《史記》卷九十二〈淮陰侯（韓信）、卷九十〈彭越〉、卷九十一〈黥（英）布〉、卷九十三〈盧綰〉列傳，蓋同，茲不贅。唯《史記》無〈吳芮傳〉。

吳芮，項羽以芮從入關，封立衡山王，項籍死，上（漢王）以芮將梅鋗從入武關有功，故德芮，徙爲長沙王，一年薨；高祖賢之，傳國數世絕。

班固贊之：「吳芮之起，不失正道，故能傳號五世，慶流支庶。」

5.〈荆燕吳傳〉

此傳敘荆王劉賈、燕王劉澤、吳王劉濞。

《史記》卷五十一列荆王燕王爲〈荆燕（王）世家〉；而《漢書》「整齊其文，不爲世家，（人物）唯紀、傳而已。」

至吳王劉濞因謀反，擅發七國之亂，逆亂，只爲〈傳〉；通篇與《史記》所敘，大略同。

6.〈楚元王傳〉

楚元王劉交，高祖同父少弟，《史記》列於卷五十〈楚元王世家〉；附劉向、劉歆之傳，難能可貴，蓋父子兩人俱爲當時大儒學者。

劉向，字子政，本名更生，父劉德，通達文辭，治《穀梁春秋》，成帝時為光祿大夫，集符瑞災異占驗，著曰《洪範五行傳論》，又敘次《列女傳》，積思經術書傳，享年七十二。劉歆，字子駿，集六藝羣書，種別輯為《七略》，又著《三統曆譜》，考步日月五星之度。

7.〈季布欒布田叔傳〉

三人之傳，語在《史記》卷一百〈季布欒布列傳〉與卷一百四〈田叔列傳〉，大略同，不贅。

8.〈高五王傳〉

敘高祖齊悼惠王劉肥、趙隱王劉如意、趙幽王劉友、趙共王劉恢、燕靈王劉建等五王傳。《史記》卷五十二已敘〈齊悼惠王世家〉

趙隱王如意，高祖既崩，呂太后鴆殺之。

趙幽王，以諸呂女為后，不愛，愛它姬；呂太后怒，召趙王，遂幽餓死。

趙共王，以呂產女為后，另有愛姬，為王后鴆殺，王悲，乃自殺。

燕靈王，高祖十一年，燕王盧綰亡入匈奴，立建為燕王；十五年薨，王另有美人為其生子，太后使人殺之，絕後。

9.〈蕭何曹參傳〉

襲錄《史記》卷五十三〈蕭相國世家〉、卷五十四〈曹相國世家〉，大略同。

10.〈張陳王周傳〉

本篇敘張良、陳平、王陵、周勃四人傳。

敘張良、陳平、周勃，與《史記》卷五十五至五十七之〈留侯〉、〈陳丞相〉、〈絳侯周勃〉世家，約略同，不贅。

王陵，沛人，漢王還擊項籍，以兵屬漢，從定天下。好直言，惠帝既崩，高后欲立諸呂爲王，陵以高帝盟曰：「非劉氏而王者，天下共擊之。」今王呂氏，非約也。呂太后乃陽遷陵爲帝太傅，實奪其相權；陵怒，謝病免，杜門竟不朝請，十年，薨。

11.〈樊酈滕灌傳靳周傳〉

本篇樊噲、酈商、滕公（夏侯嬰）、灌嬰、傅寬、靳歙、周緤等七人傳。

所傳因襲《史記》卷九十五〈樊、酈、滕、灌列傳〉與卷九十八〈傅、靳、蒯成侯（周緤）列傳，略同。

12.〈張周趙任申屠傳〉

此傳書張蒼、周昌、趙堯、任敖、申屠嘉等五人傳。

本篇襲錄《史記》卷九十六〈張蒼丞相列傳（附周昌、趙堯、任敖、申屠嘉傳）〉。

13.〈酈陸朱劉叔孫傳〉

此篇敘酈食其、陸賈、朱建、劉（婁）敬、叔孫通傳。此傳緣襲《史記》卷九十七〈酈生（食其）陸賈列傳（附朱建）〉與卷九十九〈劉敬叔孫通列傳〉，茲不贅言。

14.〈淮南衡山濟北王傳〉

本篇傳淮南厲王劉長，淮南王劉安，衡山王劉賜與濟北王劉勃（劉安與劉賜之弟）；大略與《史記》卷一百一十八〈淮南衡山列傳〉同。約增列末段「濟北王勃者，景帝四年徙。徙二年，因前王衡山，凡十四年薨。」

15.〈蒯伍江息夫傳〉

此傳敘蒯通、伍被、江充、息夫躬四人傳。

蒯通，爲策士，善權謀，韓信用其計而定齊地，曹參爲齊相，奉爲上賓。

伍被，有才能，淮南王劉安禮節招致；其後淮南王有邪亂，謀反，伍被數微諫，王怒，後伏誅。

江充，與武帝太子據有隙，會帝疾，誣太子以巫蠱術，遂致「巫蠱惑獄」，太子矯詔誅之；後武帝知充有詐，夷三族。

息夫耕，通覽記書，哀帝時爲光祿大夫，數進見奏事；後免官居家，有人上書其懷怨，非笑詛說朝廷，下獄死。

篇末贊曰：仲尼「惡利口之覆邦家」，蒯通，幸也；伍被、江充、息夫躬見誅，可不懼哉！

16.〈萬石衛直周張傳〉

本篇乃萬石君（石奮）、衛綰、直不疑、周仁、張歐（字叔）之傳，率同於《史記》卷一百三〈萬石張叔列傳〉（附傳衛綰、直不疑、周仁）。

17.〈文三王傳〉

此傳書漢文帝三王（梁孝王劉武、代孝王劉參、梁懷王劉揖）。〈梁孝王傳〉與史記卷五十八〈梁孝王世家〉（附代孝王劉參），約略同。梁懷王劉揖，文帝少子，好詩書，帝甚愛之；因墮馬薨，無子，國除。

18.〈賈誼傳〉

襲自《史記》卷八十四〈屈原賈生列傳〉。

賈誼，洛陽人，誦詩書屬文，通諸家稱名，文帝召之；每詔令議下，盡爲之對，文帝大悅，超（升）遷。絳侯（周勃）、灌嬰嫉毀，天子竟疏遠，以誼爲長沙王太傅。度湘水，作弔屈原賦。再陳《治安策》，上納其言，從其計。又爲梁懷王（文帝少子）太傅，王墜馬死，無後。誼自傷爲傅無狀，常哭泣，後歲餘，竟死，年僅三十三。

班固嘆贊曰：劉向稱賈誼爲庸臣所害，早終，甚可悼痛！

19.〈爰盎鼂錯傳〉

本篇襲自《史記》卷一百一〈袁盎鼂錯列傳〉，唯班固增錄鼂錯〈言兵事疏〉、〈募民徙塞下疏〉等經術政治有用之文，甚爲可貴。

20.〈張馮汲鄭傳〉

此篇書張釋之、馮唐、汲黯、鄭當時行傳。與《史記》卷一百二〈張釋之馮唐列傳〉卷一百二十〈汲鄭列傳〉約略同。

21.〈賈鄒枚路傳〉

此篇敘賈山、鄒陽、枚乘（附子皋）、路溫舒行傳。

賈山，事君善言；孝文時，言治亂之道；復以激切言上諫，唯終不加罰，文帝乃廣諫爭之路也。

鄒陽，與枚乘等仕吳，書諫吳王邪怨謀反，王不納其言，乃轉從梁孝王游，羊勝、公孫詭等疾之，惡之孝王，王怒，下吏獄，獄中上書「故女無美惡，入宮見妒；士無賢不肖，入朝見嫉。」孝王聞奏，立出（獄）之，復爲上客。

枚乘，字叔，淮陰人，事仕吳王劉濞，知王有怨逆謀反，上書諫，王不納；與鄒陽等去，轉從梁孝王游；未久，吳王果舉七國之亂。武帝久聞乘名，即位，擬重用，乘已年老，乃以安車蒲輪徵召，死於途中；詔得其庶子枚皋，亦善賦；武帝二十九歲乃得皇子，皋與東方朔作〈皇太子生賦〉誌喜。

路溫舒，受《春秋》，通大義，舉孝廉，宣帝即位上奏〈尙德緩刑疏〉。

22.〈竇田灌韓傳〉

本篇爲竇嬰、田汾、灌夫、韓安國傳。通篇與《史記》卷一百七〈魏其侯（竇嬰）武安侯（田蚡）列傳附灌將軍夫〉及卷一百八〈韓長儒（安國）列傳〉類同，不贅。

23.〈景十三王傳〉

此篇書景帝十三王簡傳，與《史記》卷五十九〈五宗（十三子）世家〉所記大同小異。唯班固於篇末贊曰：

> 昔魯哀公言：「寡人生於深宮之中，長於婦人之手，未嘗知憂，未嘗知懼。」是以古人以宴安為鴆毒。諸王率多驕淫失道；何則？沉溺放恣之中，居勢使然也。夫唯大雅，卓爾不羣，河間獻王近之矣。

24.〈李廣蘇建傳〉

本篇襲錄《史記》卷一百九〈李（廣）將軍列傳〉及卷一百一十一〈衛將軍驃騎列傳（附將軍蘇建）〉，茲不贅；唯《漢書》增立建子〈蘇武傳〉，可貴。

篇末，引孔子言贊歎蘇武：

孔子稱「志士仁人，有殺生以成仁，無求生以害仁」，「使於四方，不辱使命」，蘇武有之矣。

趙翼《廿二史箚記》〈漢書增傳〉云：

《史記》無〈蘇武傳〉，蓋遷在時，武尚未歸也。《漢書》為立傳，敘次精采，千載下猶有生氣，慷慨悲涼，使遷為之，恐亦不能過也。

25.〈衛青霍去病傳〉

本傳通篇幾全襲錄《史記》卷一百一十一〈衛將軍驃騎（霍去病）列傳〉，請參閱本書第一〇九頁。

26.〈董仲舒傳〉

本篇行傳襲錄《史記》〈儒林列傳（董仲舒條）〉，唯班固增立董仲舒奏武帝之〈賢良對策〉而獲舉，復以〈天人三策〉對答天子垂問天人之應，爲經術政治之至文。

篇末，班固贊曰：

仲舒遭漢承秦滅學之後，六經離析，下帷發憤（三年不窺園），潛心大業，令後學者有所統壹，為羣儒首。

錢穆《國史大綱》第八章〈漢武一朝之復古更化〉推美：

董仲舒〈天人三策〉與賈誼〈政事疏〉，兩篇大文，奠定了西漢一代政治之規模。

27. 〈司馬相如傳〉

本篇幾全襲錄《史記》卷一百一十七〈司馬相如列傳〉，請參閱本書第一一二頁。

28. 〈公孫弘卜式兒寬傳〉

漢書〈公孫弘傳〉大多襲錄《史記》卷一百一十二〈平津侯（公孫弘）傳〉。

卜式，以田畜為事；武帝曰：「吾有羊在上林中，欲令子牧之。」歲餘，羊肥息（生），上善之。式曰：「非獨（牧）羊也，治民亦猶是矣。」元鼎中，徵式為御史大夫。

兒寬治《尙書》，事歐陽生，受業孔安國；武帝拜為御史大夫，從東封泰山，還登明堂；其後，上又詔寬與司馬遷等共定漢太初曆。

本篇續至西漢末，列漢世得儒賢將相之盛，功迹見述於世，偉哉！

29. 〈張湯傳〉

張湯傳，《史記》列於〈酷吏列傳〉。

張湯，杜陵人，武帝時，治巫蠱獄，上以為能，拜太中大夫，後遷御史大夫，治獄深文刻酷，長史朱買臣素怨湯，後為所構陷害，自殺。子張安世，封富平侯。

贊曰：「湯雖酷吏，及身蒙咎，其推賢揚善，固宜有後。安世履道，滿而不溢。」

30. 〈杜周傳〉

《史記》亦置於〈酷吏列傳〉。

杜周，義縱爲南陽太守時之爪牙，荐之張湯，爲廷尉史，酷法內深至骨，其治大抵依張湯；爲執金吾，逐捕桑弘羊，上以爲盡力，升爲御史大夫。

31.〈張騫李廣利傳〉

本篇《漢書》幾全襲錄《史記》卷一百二十三〈大宛列傳〉及卷一百十〈匈奴列傳〉，最末段言貳師將軍李廣利，請參閱本書第一一五頁。

32.〈司馬遷傳〉

司馬遷，父談，嘗論「六家要指」；遷生龍門，十歲誦古文，二十而南游江淮等地，北涉汶泗齊魯，過梁楚以歸。爲郎中，奉使西征巴蜀以南。遵父命，悉論先人所次舊聞；爲太史公，紬史記石室金匱之書，於是論次其文，紹明孔子《春秋》微言大義，遭李陵之禍，忍辱堅毅，通其鬱結，作《太史公書》，著十二本紀、十表、八書、三十世家、七十列傳，凡百三十篇。

篇末，增立〈報任安（少卿）書〉，極可貴文章。劉知幾《史通》卷十六〈雜說（上）〉：班固載其（司馬遷）與任安書，具述被刑所以，儻（倘）無此錄，何以克明其事者乎？

33.〈武五子傳〉

武帝有六男。戾太子（劉據）、昭帝（劉弗陵）、齊王劉閎、燕王劉旦、廣陵王劉胥、昌邑哀王髆。

戾太子因江充典治「巫蠱事」，充遭斬；太子先亡逃，後自經，薨。

昭帝已前述〈昭帝紀〉。

閎、旦、胥三人，《漢書》因襲《史記》卷六十〈三王世家〉。

昌邑哀王髆，武帝天漢四年立，十一年薨，子賀嗣。

34.〈嚴朱吾丘主父徐嚴終王賈傳〉

此篇九人合傳。

嚴助，武帝時爲中大夫、會稽太守；淮南王劉安謀反，事相連，廷尉張湯爭誅，遂棄市。

朱買臣，嚴助荐爲會稽太守，因張湯排陷嚴助，買臣怨告張湯陰事，湯自殺，上亦誅買臣。

吾丘壽王，從董仲舒學《春秋》，高材明達，爲中郎、光祿大夫。

主父偃，襲錄《史記》卷一百一十二〈主父列傳〉，請閱本書第一一〇頁。

徐樂，上書武帝，拜爲郎中。

嚴安，上書武帝言出擊結怨匈奴之非當，拜郎中。

終軍，辯博能文，年十八，上書武帝言事，拜謁者給事中，年二十餘，早卒。

王褒，蜀人，善詞賦，宣帝聞方士言益州有金馬碧雞之寶，遣褒祀之，道途中卒，帝憫之。

賈捐之，珠崖反，議大發軍；捐之建議不當擊之，遂棄珠崖。

35.〈東方朔傳〉

東方朔，字曼倩，辭賦家，善談諧滑稽；武帝時，以滑稽言談暗寓諷諫，帝悟，遂愛幸；後又因上書陳計，不見用，乃以〈答客難〉，自見；又設〈非有先生論〉，勸吳王宜節儉、向德、去佞。

《史記》〈滑稽列傳〉另有〈東方朔傳〉，蓋爲褚先生所補，「以附益太史公」。

36.〈公孫劉田王楊蔡陳鄭傳〉

此篇爲公孫賀、劉屈氂、田（車）千秋、王訢、楊敞、蔡義、陳萬年、鄭弘等八人傳。

公孫賀：以車騎將軍從大將軍衛青出擊有功，封侯，至丞相，竟坐事死獄中，族其家。

劉屈氂，中山靖王劉勝子，任左丞相，因戾太子巫蠱禍，有人告丞相夫人詛祝皇上，欲令昌邑王爲帝，腰斬東市。

車千秋，本姓田，千秋訟護戾太子冤情，武帝終感悟，拜大鴻臚，爲丞相。昭帝時，以老年朝見，詔准乘小車入宮，被號稱「車」丞相。

王訢：官至右輔都尉，封侯，至丞相。

楊敞：初任霍光司馬，遷御史大夫，爲丞相，與霍光立宣帝。

蔡義，事大將軍衛青，遷光祿大夫，封侯，爲丞相。

陳萬年，廉平行修，丙吉推荐于宣帝，官至御史大夫。

鄭弘，好學明經，通律政，任南陽太守，淮陽相，至御史大夫。

37.〈楊胡朱梅雲傳〉

此篇爲楊王孫、胡建、朱雲、梅福、雲敞等五人傳。

楊王孫，學黃老道術，病死前令子：「吾欲裸葬，返璞歸真。」言厚葬之費財無益。

胡建，爲渭城令，有治聲；因公執法，皇后父上官將軍捕建，建自殺；渭城吏民稱冤，立其祠，祀之。

朱雲，少輕俠，後折節受《易》、《論語》；成帝時，上書願賜予尚方劍，斬佞臣張禹；上怒，欲斬之；辛慶忌將軍爲其死爭，帝意解，乃赦之，以爲直臣。

梅福，學《尚書》、《穀梁春秋》，數上書言事；王莽顓政，去之，變姓名。

雲敞，師事吳章；王莽秉政，莽長子宇與章謀，夜以血塗莽第門，若鬼神之戒；事覺，章坐腰斬，敞時爲大司徒掾，收章屍葬之，京師稱焉。

38.〈霍光金日磾傳〉

霍光，霍去病弟，外戚；武帝時，入侍左右，得親信；帝崩，受遺詔與金日磾、上官桀輔昭帝，拜大司馬大將軍，政事壹決於光，昭帝崩，廢昌邑立，迎立宣帝，秉政二十餘年。唯（至後）權傾內外，威功震主，既卒，宣帝親政，收霍氏兵權，誅夷其家族。

金日磾，本匈奴休屠王太子，武帝時歸漢，爲馬監，遷侍中駙馬都尉光祿大夫；信愛之。因傳屠作金人爲祭天主，乃賜姓金，帝崩，與霍光受遺詔輔政昭帝。

贊曰：霍光擁昭立宣，爲師保；然不學無術，湛溺盈溢，增顛覆禍，宗族誅夷，哀哉！班固用以資鑑而昭炯戒也。

39.〈趙充國辛慶忌傳〉

趙充國，隴西人，學兵法，善騎射；武帝時，從貳師將軍（李廣利）擊匈奴有功，拜爲中郎，遷車騎將軍；宣帝時，西羌叛反，充國年已七十餘，往擊破，招降，引還以聞；卒年八十六，諡壯侯。

辛慶忌，狄道人，有戰功，遷郎中車騎將軍，爲張掖太守，徙酒泉，所在聞名。成帝初，徵爲光祿大夫，至執金吾，通於兵事，正直仁勇。

贊曰：秦漢以來，山東出相，山西出將，趙充國，隴西人；辛慶忌，狄道人；信哉！皆以勇武顯聞；何則？山西隴西處勢迫近羌胡，修習戰備，其民俗風氣自古而然。

40.〈傅常鄭甘陳段傳〉

傅介子：從軍至昭帝時，因誅匈奴使者遣拜中郎；持樓蘭王首詣闕，封侯。

常惠：武帝時，隨蘇武使匈奴，拘留十餘年始還，昭帝嘉之，拜爲光祿大夫，嗣代蘇武爲典屬國（掌治外夷官名）。

鄭吉：明習外夷事，攻破車師，威震絕域，爲西域都護，封安遠侯。
甘延壽：善騎射，爲羽林；遷遼東太守，使西域，與陳湯共斬郅支單于，封侯。
陳湯：元帝時，爲西域副校尉，斬單于，論功賜爵關內侯。
段會宗：爲人好節，爲西域都護，敬其威信，賜爵關內侯，病死烏孫，年七十五，諸國爲立其祠祀之。

41.〈雋疏于薛平彭傳〉

雋不疑，治春秋，爲青州刺史，能經術，明大誼。
疏廣，明春秋，爲太中大夫、太傅。
于定國，爲縣獄史，學春秋，重經術；遷廷尉、御史大夫。
薛廣德，治魯詩，爲人溫雅寬和，爲御史大夫，直言諫事。
平當，經明《禹貢》，使行河，領河堤。
彭宣，治易，事張禹，明經威重，累官光祿大夫、御史大夫、大司馬。

42.〈王貢兩龔鮑傳〉

王吉，少學明經，治《春秋》，授《詩》、《論語》。
貢禹，明經絜行，爲涼州刺史、河南令、御史大夫。
兩龔（龔舍、龔勝），皆好學明經，相友，著名節。

鮑宣，好學治經，爲守丞，遷豫州牧、諫大夫。

43.〈韋賢傳〉

質樸篤學，通《禮》、《尙書》，號稱「鄒魯大儒」，進授昭帝詩；官至光祿大夫詹事、大鴻臚、丞相，年八十二薨。

44.〈魏相丙吉傳〉

魏相，學《易》，明經，爲茂陵令，遷河南太守，累官至大司農、御史大夫、丞相。

丙吉，爲人深厚，不伐功，爲光祿大夫給事中，累官至御史大夫、丞相。

贊曰：孝宣中興，丙魏有聲，公卿多稱其位，海內興於禮讓。

45.〈眭兩夏侯京翼李傳〉

眭弘，少好游俠，長乃折節，受《公羊春秋》，霍光以妖言惑眾，惡之，誅。

夏侯始昌，通五經，受齊《詩》、《尙書》，明於陰陽，爲太傅，以壽終。

夏侯勝，使昌族子，受《尙書》及《洪範五行傳》，爲光祿大夫，年九十卒。

京房，治《易》，其說長於災變，石顯、五鹿充宗疾之，後爲石顯所譖，下獄死，年四十一，有《京氏易傳》。

翼奉，好陰陽之占，爲中郎、諫大夫，以壽終。

李尋，治《尙書》，好《洪範》災異，學天文陰陽。

贊曰：幽贊神明，通合天人之道者，莫著乎《易》、《春秋》；然依託象類，或不免乎「億則屢中」，此學者之大戒也。

46.〈趙尹韓張兩王傳〉

趙廣漢，宣帝時爲京兆尹、穎川太守，發奸摘伏，遭蕭望之劾奏摧辱大臣，竟坐腰斬。

尹翁歸，清絜自守，廉平向正，爲東海太守，大治；入守右扶風，京師畏其威嚴，亦大治。

韓延壽，尙禮義教化，爲諫大夫，淮陽太守，治東郡，有治行；廣謀議，納諍諫，入守左馮翊，爲蕭望之奏劾，坐棄市。

張敞，爲膠東相，吏民歙然；遷京兆尹、冀州刺史。

王尊，治《尙書》、《論語》，爲人剛直，爲益州刺史、京兆尹、徐州刺史。

王章，剛直，爲諫大夫，京兆尹，彈奏王鳳，竟反被構陷，繫獄死，哀哉！

47.〈蓋諸葛劉鄭孫毋將何傳〉

蓋寬饒，剛直奉節，然深刻陷害人，好言事刺譏，犯上意，坐下吏，自剄。

諸葛豐，持立剛直，爲司隸校尉；時侍中許章以外屬貴幸，奢淫不法，豐奏其事，章入宮門，豐遭去節，免爲庶人。

劉輔，爲諫大夫，阻諫成帝欲立趙婕妤爲后，帝縛繫獄，後終於家。

鄭崇，好直諫，見疏；又諫董賢貴倖，帝怒，下獄死。

孫寶，爲益州、冀州刺史，京兆尹，非議王莽，終於家。

毋將隆，爲諫大夫，穎川太守、執金吾，不附王莽，坐免官。

何益，爲隴西、穎川太守，高志節，表好士，郡中清靜。

48.〈蕭望之傳〉

好學，治《齊詩》，又從夏侯勝學《論語》，爲大鴻臚、御史大夫；宣帝時任皇太子太傅，受遺詔扶輔幼主元帝。後竟爲讒臣嬖宦石顯等構陷，飲鴆自殺。

49.〈馮奉世傳〉

學《春秋》，涉大義，又習兵法，宣帝時，出使西域，及莎車，威鎮絕城；遷光祿大夫、執金吾。後又以破羌戰功，賜爵關內侯。

50.〈宣元六王傳〉

此傳書宣帝子淮陽憲王劉欽、楚孝王劉囂、東平思王劉宇、中山憲王劉意；元帝子定陶共王劉康、中山孝王劉興。

其中，劉欽好經書法律，通達有財；劉康多材藝，知音聲；然劉宇通奸猾，好犯法，上以至親弗罪。

51.〈匡張孔馬傳〉

匡衡，幼家貧，好學，善於《詩》；累官光祿大夫、太子少傅、御史大夫至丞相；成帝時，有司奏其專地盜土以自益，免爲庶人。

張禹，受《易》、學《論語》，習經學，累官光祿大夫至丞相，爲人謹厚。

孔光，孔子十四世孫，明經學，官至光祿大夫、御史大夫、大司徒，弟子多所成就；及王莽權勢日盛，疾辭位。

馬宮，與王莽深厚，及莽篡位，爲太子師，卒於官。

52.〈王商史丹傅喜傳〉

王商，爲人質而不飾，有威重；官至丞相；後爲帝舅大司馬大將軍王鳳誣陷，免相；三日後，嘔血薨。

史丹，爲人知足愷弟，任駙馬都尉侍中，遷將軍，心謹密，上信任之。

傅喜，外戚，官大司馬；傅太后欲求稱尊號，執義不從，免官。

53.〈薛宣朱博傳〉

薛宣，爲人好威儀，進止雍容，爲臨淮、陳留太守，有威信，政教行，累官御史大夫至丞相。

朱博，健俠好交，爲豫令，冀、并二州刺史，累官左馮翊、大司農、御史大夫至丞相；後以附坐傅晏罪，下廷尉，自殺。

54.〈翟方進傳〉

儒雅通明，習經學，射策甲科爲郎，遷朔方刺史、御史大夫，拜相。後以災異事，竟賜自盡。

55.〈谷永杜鄴傳〉

谷永，博學經書，精通《京氏易》，乃王鳳黨羽，爲光祿大夫、涼州刺史、大司農。杜鄴，有才能，以孝廉爲郎。

56.〈何武王嘉師丹傳〉

何武，爲諫大夫，累官揚州刺史、御史大夫；受王莽誣奏，自殺。王嘉，爲大鴻臚，京兆尹、御史大夫，拜相；因哀帝爲董賢治大第，貴佞，嘉極諫，帝不悅，繫獄，不食嘔血死。師丹，累官大司馬、大司空，以切諫，不合哀帝意，免罷歸。

57.〈揚雄傳〉

揚雄，字子雲，蜀郡成都人；少而好學，博覽深思，好詞賦。奏〈甘泉賦〉、〈河東賦〉、〈校獵賦〉、〈長楊賦〉以風諫，又作《太玄》、《法言》；年七十一卒。

或謂桓譚曰：「子嘗稱揚雄書，能傳於後世乎？」譚曰：「必傳。昔老聃著虛無之言（道德經），後世好之者尙以爲過於五經，自漢文景之君及司馬遷皆有是言。今揚子之書文義至深，而論不詭（違）於聖人。」

58.〈儒林傳〉

丁憲，學《易》於田何，作《易說》。

施讎，受《易》，與諸儒論五經。

孟喜，治《禮》、《春秋》。

梁丘賀，從京房受《易》。

京房，精《周易》，明災變，後因上奏言災異，下獄棄市。

黃直，治《易》，長於卦筮。

高相，治《易》，說陰陽災異。

伏生，濟南人，文帝時使朝錯受其《尙書》，即今《古文尙書》。

歐陽生，事伏生受《尙書》。

夏侯勝，由夏侯始昌傳《尙書》，勝又傳從兄子夏侯建，於是有大小夏侯之學。

周堪，事夏侯勝，任太子少傅。

張山拊，事夏侯建。

申公，精於《詩》，稱《魯詩》。

王式，通《詩》三百篇。

轅固，齊人，治《詩》，稱《齊詩》。

后倉，事夏侯始昌，又通《詩》、《禮》。

韓嬰，治《詩》，作《內外傳》，稱《韓詩》。

趙子，事燕韓生，學詩。

毛公，治《詩》，稱《毛詩》。

孟卿，通經，治《禮》，授戴德（大戴）、戴聖（小戴）。

胡母生，齊人，治《公羊春秋》，與董仲舒同業，仲舒稱其德。

嚴彭德，精《公羊春秋》。

顏安樂，治《公羊春秋》。

瑕丘江公，受《穀梁春秋》及《詩》於魯申公。

房鳳，明經，治《穀梁春秋》。

59.〈循吏傳〉

文翁，少好學，通《春秋》，爲蜀郡守，仁愛好教化，又修學官於成都，招下縣子弟以學，由是大化，比齊魯焉；終於蜀，吏民爲其立祠，歲時祭祀不絕。

王成，爲膠東相，有治聲。

黃霸，少學律令，累官河南太守丞、揚州刺史、穎川太守，後爲丞相；寬和，民敬，治爲天下第一。

朱邑，廉平不苛，吏民敬愛，任北海太守，以治行，遷大司農。

龔遂，爲渤海太守，勸民務農桑，躬率以儉約，吏民富實，以官壽卒。

召信臣，治官，爲民興利，視民如子，躬勸耕農，遷河南太守，治行第一，年老以官卒。

60.〈酷吏傳〉

本篇郅都、寧成、周陽由、趙禹、義縱、王溫舒、尹齊、楊僕、咸宣，皆襲錄《史記》〈酷吏傳〉，不贅；至張湯、杜周，《漢書》以別傳（不列於酷吏之傳）

增立者有：

田廣明，以殺伐爲治，有能名，都尉死，姦其寡婦，遭簿責，自殺。

田延年，誅鉏豪強，姦邪不敢發；爲怨家所告，自剄死。

尹賞，酷烈，督大奸猾。

61.〈貨殖傳〉

本篇大多襲錄《史記》〈貨殖列傳〉，請閱本書第一一八頁。唯《史記》篇末贊曰：「千金之家比一都之君，巨萬者乃與王者同樂」；而《漢書》不苟同，非議之爲「傷化敗俗，大亂之道也。」

62.〈游俠傳〉

此篇敘游俠七人傳，其中朱家、劇孟、郭解三人，襲錄《史記》，請閱本書第一一六頁。

萬章，富俠氣。

樓護，短小精辯，常依名節；母死，送葬者致車二三千輛。

陳遵，放縱不拘，相親友；嗜酒，每大飲，賓客滿堂。

原涉，爲放縱俠徒。

63.〈佞幸傳〉

本篇鄧通、趙談（史遷作趙同，避諱父名談）、韓嫣、李延年，依襲《史記》，請閱本書第一一六頁。另石顯、淳于長、董賢等，爲班固增立至西漢末年。

石顯，元帝因疾，不親政事，委政石顯，貴幸傾朝；蕭望之、京房等奏諫，元帝不聽，受害自殺、棄市。

元帝崩，成帝即位，丞相御史條奏石顯據勢作惡，免官；歸故郡途中，憂懣不食，死。

淳于長，太后妹子，晨夜侍大將軍王鳳病，帝嘉其義。趙飛燕貴幸，太后以其出身微，爲難；長疏通之，趙皇后得立，上喜，追加其功，賜爵封侯，賞賜，貴傾公卿。

大司馬王根及其兄子王莽，妒忌長受寵驕佚，陷害之，長免官。

董賢，父爲御史，哀帝悅賢儀貌，寵幸爲駙馬都尉侍中，出則參乘，入御左右；常與上臥起，晝寢，賢身偏藉上袖，上欲起，不欲驚動賢，竟斷袖而起（斷袖之癖典故出於此）其恩愛如此。

上賜賢父爵封侯，女弟（妹）爲昭儀，弟爲執金吾；且爲賢治大第，極精巧，又盡賜上方珍寶，極爲佞幸賞寵，又舉賢爲大司馬，百官因賢奏事。

王莽日盛，爲莽陷構，以太后詔罪，收大司馬印綬，罷歸第，即日，賢與妻皆自殺。

贊曰：董賢寵盛，貴重人臣，位過其任，莫能有終，所謂愛之適足以害之者也。

64.〈匈奴傳〉

此傳大多因襲《史記》，唯續敘至西漢末，另作贊曰：

> 《書》戒「蠻夷猾夏」，《詩》稱「戎狄是膺（懲）」；自漢興以至于今，其與匈奴有修文而和親之，有用武而克伐之，有卑下而承事之，有威服而臣畜之，是故其詳可得而言也。

65.〈〈西南夷兩粵朝鮮傳〉

《漢書》本篇是以《史記》卷一百一十三〈南越列傳〉、卷一百一十四〈東越列傳〉、一百一十五〈朝鮮列傳〉、一百一十六〈西南夷列傳〉合傳，並續敘至西漢末，另作贊曰：

> 西南夷發於唐蒙、司馬相如，兩粵起嚴助、朱買臣，朝鮮由涉何；遭世富盛，動能成功，然已勤矣；追觀太宗（文帝）填撫尉佗，豈古所謂「招攜以禮，懷遠以德」者哉！

66.〈西域傳〉

史記無〈西域傳〉，有〈大宛列傳〉；《漢書》此傳即部分依襲《史記》〈大宛列傳〉，而敘大月氏、小月氏、安息、大宛、小宛、康居、樓蘭、于闐、捐毒、莎車、疏勒、烏孫、龜茲等西域外國，並續敘至西漢末，且作贊曰：

孝武之世，圖制匈奴，通西域，以斷匈奴右臂；值文景之後，玄默養民，天下殷富，財力有餘，士馬彊盛；西域殊方異物，四面至；萬里相奉，師旅之費，不可勝記，至於用度不足，民力屈，財用竭，是以末年遂棄輪臺之地，而下哀痛之詔，豈非仁聖之所悔哉！

自（光武帝）建武以來，西域思漢威德，咸樂內屬都護，聖上遠覽古今，因時之宜，義兼之矣。

67.〈外戚傳〉

本傳因襲《史記》〈外戚世家〉，唯收錄有武帝李夫人兄李延年〈佳人歌〉：「北方有佳人，絕世而獨立，一顧傾人城，再顧傾人國，寧不知傾城與傾國，佳人難再得！」及李夫人卒，愛弛（見棄），延年兄弟誅族。另續敘至昭、宣、元、成、哀、平六帝外戚作傳，作贊略曰：

夫女寵之興，繇（由）至微而體至尊，窮富貴而不以功，此固道家所畏，禍福之宗也。

序至漢興，終于孝平，外戚後庭色寵者著聞二十有餘人，然其保為全家者，唯四人而已；其餘大者夷滅，小者放流，烏乎！鑒茲行事，變已備矣。

68.〈元后傳〉

元后者，西漢元帝之后，王莽之姑也；至平帝時，臨朝，委政大司馬王莽，及莽顓政威福，篡位，去漢號改國號爲「新」，稱元后曰「新室父母太皇太后」。

王莽建國五年，太后崩，年八十四。

司徒掾班彪曰：孝元后歷漢四世（元、成、哀、平）為天下母，饗國六十餘載，羣弟世權，更持國柄，五將十侯，卒成新都；位號已移於天下，而元后卷卷猶握一璽，不欲以授莽，婦人之仁，悲夫！

69.〈王莽傳〉

王莽，孝元皇后弟之子也，父早死，孤貧，折節受讀；及拜大司馬，權勢日盛；平帝立，年幼，元后臨朝稱制，委政於莽，號「安漢公」，未久弒平帝，立兩歲孺子劉嬰，自爲「攝皇帝」；旋篡漢，國號「新」，光武（劉秀）與兄劉玄起兵討伐，莽敗，遭杜吳斬殺其首，軍兵爭相分裂莽身，莽得位十五年。

贊曰：

王莽始起外戚，不仁佞邪，肆姦纂盜，竊位南面，滔天虐民，窮凶極惡，逞其欲焉；

中外憤怨，支體分裂，書傳所載亂臣賊子無道之人，考其禍敗，未有如莽之甚者也。

70.〈敘傳〉

《史記》第一百三十卷司馬遷稱〈太史公自序〉，《漢書》第一百卷，班固稱〈敘傳〉，略傳云：

固以為唐虞三代《詩》《書》所及，世有典籍，故雖堯舜之盛，必有典謨之篇，然後揚名於後世，冠德於百王，故曰：「巍巍乎其有成功，煥乎其有文章也！」漢紹堯運，以建帝業，至於六世，史臣乃追述功德，私作本紀，編於百王之末，廁於秦、項之列。太初以後闕而不錄，故探纂前記，綴集所聞，以述《漢書》。起元高祖，終於孝平王莽之誅，十有二世，二百三十年，綜其行事，傍貫五經，上下洽通，為春秋考紀、表、志、傳凡百篇。

第四章 《史記》《漢書》文學史學暨思想比較

歷來研治《史記》與《漢書》的學者專家，於比較二書時，有的崇《漢》抑《史》，又有尊遷貶固的，仁智互見，各有所偏好。

劉知幾《史通》〈六家〉：

班固《漢書》，究西都之首末，窮劉氏之廢興，包舉一代，撰成一書，言皆精練，事甚該密，故學者尋討，易為其功，自爾迄今，無改斯道。又，〈六家〉云：

司馬遷《史記》，年月遐長，胡越相懸，參商是隔，此其為體之失者也；兼其所載，多聚舊記，使覽之者，事罕異聞，此撰錄之煩者也。

此乃劉知幾就史書撰錄之以「斷代史」或「通史」而言，則顯然是崇《漢》抑《史》。

然則，鄭樵《通志》〈總序〉：

自《春秋》之後，惟《史記》擅制作之規模；不幸班固非其人，遂失會通之旨，司馬氏之門戶，自此衰矣。班固斷漢為書，是致周秦不相因，古今成間隔……遷之於固，如龍之於豬。

此鄭樵明顯地是極尊遷而損固。

再引《史通》〈論贊〉：

每有發論，《史記》云太史公曰，既而《漢書》班固曰贊……司馬遷以篇終各書一論……子長淡泊無味；孟堅辭惟溫雅，理多愜當，其尤美者，有典誥之風，翩翩奕奕，良可詠也。

乃就論贊辭句風格比較，更知劉氏尊班貶馬矣。

《漢書》襲錄《史記》文章第七至十一卷（本紀五），十六至二十一卷（年月表六），二十七卷至三十卷（書四），四十八至六十卷（世家一三），八十三至八十四卷，八十九至一百四卷，一百六至一百一十八卷，一百二十至一百二十五卷，一百二十九至一百三十卷（列傳三九），凡六十七篇，（約占《漢書》一百篇的三分之二），大部分均係直錄《史記》文章，少有更動（註一）。

即趙翼《廿二史箚記》卷一所言：

今以漢書比對武帝之前，如高祖紀及諸王侯年表，諸臣列傳，多與《史記》同，並有

註一：吳福助教授，〈漢書襲錄史記考〉，《東海學報》，第一六卷，六十四年六月。

全用史記文，一字不改者，然後知正史之未可輕議也。

本章主要在比較《史記》與《漢書》之文史暨思想，其特異者，約有下列數點：

一、《史》《漢》體例内容比較

《史記》有〈本紀〉、〈（世、年、月）表〉、〈書〉、〈世家〉、〈列傳〉五體，〈太史公自序〉：「著十二本紀，作十表，八書，三十世家，七十列傳，凡百三十篇。」《漢書》〈敘傳〉：「固述漢書，爲紀、表、志、傳，凡百篇。」故知班固爲「整齊其文」，一律改爲單詞，且將〈世家〉編入〈傳〉。茲又細言比較之：

1. 《漢書》把《史記》〈項羽本紀〉改爲〈（陳勝）項籍傳〉；新增〈惠帝紀〉（《史記》無此紀。）
2. 《史記》有世表、年表、月表，《漢書》一律整齊之，稱「表」；增立〈外戚恩澤侯表〉（《史記》有〈外戚世家〉），〈百官公卿表〉、〈古今人表〉。
3. 《漢書》易《史記》的〈書〉爲〈志〉，增列〈刑法志〉、〈五行志〉、〈地理志〉、〈藝文志〉。
4. 《史記》有〈世家〉一體例，《漢書》無，併入〈傳〉，尤其是將〈陳涉世家〉貶入〈陳勝（項籍）傳〉。

5.《漢書》將《史記》〈列傳〉簡稱〈傳〉，捨去〈倉公列傳〉這篇附有醫藥方技的二十五則實例。

但，《漢書》卻能在卷五十四、五十六、六十一，增立〈（附）李陵蘇武傳〉、〈董仲舒傳〉、〈張騫傳〉，甚可貴。又，《史記》將墨翟附傳於卷七十四〈孟子荀卿列傳〉末，短短二十四個字；但，《漢書》〈藝文志〉增言補敘此缺失。

另者，《史記》第一百三十卷最後一篇爲〈太史公自序〉，《漢書》因襲，最後一篇第一百卷爲〈敘傳〉，初學者研習《史記》〈漢書〉二正史，宜從這兩篇着手入門。

又，《史記》在總論時，加「太史公曰」；《漢書》依仿，稱「贊曰」。

二、《漢書》多用古字

班固《漢書》愛用古字，顏師古《前漢書敘例》云：「漢書舊文多有古字……字或難識兼有借音義指。」劉知幾《史通》卷六〈言語〉：「（班固）等作者皆怯書今語，勇効昔言。」茲依《漢書》百卷前後順序，摘其古字舉例概說如下：

古「鹵」字今爲「虜」：

卷一〈高帝紀〉：「所過毋得鹵掠。」

古「說」今「悅」：

卷一〈高帝紀〉：「漢王大說」；卷四十七〈文三王傳〉：「奏之太后，太后乃說。」

古「蚤」今「早」：

卷三〈高后紀〉：「有司請蚤建太子」；卷九十九〈王莽傳〉：「莽父蚤死獨孤貧。」

古「縣」今「懸」：

卷一〈高帝紀〉：「秦中（關中），帶河阻山，縣隔千里」；卷六〈元帝紀〉：「斬其（單于）首，縣蠻夷邸門。」

古「尉」今「慰」：

卷五十二〈韓安國傳〉：「以尉士大夫心」；卷六十六〈車千秋傳〉：「尉安眾庶。」

古「道」今「導」：

卷四〈文帝紀〉：「道民之路，在於務本」；卷六十六〈車（田）千秋傳〉：「武帝疾，大將軍霍光、丞相千秋等，受遺詔，輔道少主」。

古「顓」今「專」：

卷三〈高后紀〉：「上將軍（呂）祿、相國（呂）產顓兵秉政」；卷六十七〈梅福傳〉：「王莽顓政」

古「罔」今「網」：

卷九十〈酷吏傳〉：「天下之罔嘗密矣。」卷八十七〈揚雄傳〉：「臨川羨魚不如歸而結罔。」

古「罷」今「疲」：卷十〈成帝紀〉：「天下虛耗，百姓罷勞」；卷四十三〈婁（劉）敬傳〉：「士兵罷於兵革」。

古「鄉」今「向」：卷四十八〈賈誼傳〉：「使天下回心而鄉道」；卷五十〈汲黯傳〉：「上方鄉儒術」。

古「要」今「腰」：卷六〈武帝紀〉：「欒大坐誣罔要斬」；卷六十六〈劉屈氂傳〉：「要斬東市。」

古「皇」今「凰」：卷八〈宣帝紀〉：「鳳皇來儀」；「鳳皇甘露降集京師」。

古「婁」今「屢」：卷九〈元帝紀〉：「婁敕公卿，日望有效」；卷十〈成帝紀〉：「火災婁降，朕甚懼之」。

古「賈」今「價」：卷八〈宣帝紀〉：「鹽，民之食，而賈咸貴，其減天下鹽賈」。

古「蜚」今「飛」：

卷二十七〈五行志〉：「雷雨雹，蜚鳥皆死」；「蝗從東方蜚至敦煌」。

古「宓」今「伏」：

卷十九〈百官公卿表〉：「《易》敘宓羲、神農、黃帝作教化民」；卷二十〈古今人表〉：「（上上聖人）宓羲氏」。

古「伯」今「霸」：

卷二十七〈五行志〉：「晉人立其兄重耳，是為文公，遂伯諸侯」；卷二十八〈地理志〉：「至春秋時，五伯迭興」。

古「亡」今「無」：

卷十八〈外戚恩澤侯表〉：「非劉氏不王，若有亡功非上所置而侯者，天下共誅之」；卷二十四〈食貨志〉：「如此，富商大賈亡所牟大利，則反本」。

古「臧」今「藏」：

卷二十二〈禮樂志〉：「叔孫通所撰禮儀，與律令同錄，臧於理官。」

古「徠」今「來」：

卷六〈武帝紀〉：「氐羌徠服」；卷二十四〈食貨志〉：「亦有從徠。」

古「犇」今「奔」：

卷二十二〈禮樂志〉：「樂官師瞽抱其器而犇散」，卷九十四〈匈奴傳〉：「匈奴聞漢兵大出，老弱犇走。」

古「煇」今「輝」：

卷二十二〈禮樂志〉：「光煇日新，化上遷善。」

古「孫」今「遜」：

卷二十二〈禮樂志〉：「夫奢泰則下不孫而國貧。」

古「豪」今「毫」：

卷二十四〈食貨志〉：「故三人言利事析秋豪矣。」

古「僊」今「仙」：

卷三十〈藝文志〉：「右神僊十家，二百五卷」；卷九十九〈王莽傳〉：「太一、黃帝皆僊上天」。

古「襢」今「禪」：

卷六〈武帝紀〉：「遂登封泰山，至於梁父，然後升襢肅然。」

古「雒」今「洛」：

卷二十八〈地理志〉：「今之河南雒陽」；卷三十四〈韓信傳〉：「至雒陽，赦（信）以為淮陰侯」；卷四十八〈賈誼傳〉：「賈誼，雒陽人也。」

古「亨」今「烹」：

卷三十四〈韓信傳〉：「果若人言，狡兔死，良狗亨。」

古「艸」今「草」：

卷二十八〈地理志〉：「地廣民稀，水艸宜畜牧。」

古「桀」今「傑」：

卷三十二〈張耳陳餘傳〉：「其賓客廝役皆天下俊桀。」

古「絫」今「累」：

卷四十三〈劉（婁）敬傳〉：「積德絫善十餘世」；卷九十〈酷吏傳〉：「（王）溫舒死，家絫千金」。

古「謼」或「虖」今「呼」：

卷四十五〈息夫躬傳〉：「躬仰天大謼」；卷四十八〈賈誼傳〉：「烏虖哀哉兮。」

古「鼂」今「朝」：

卷四十九〈爰盎鼂錯傳〉；卷六十四〈嚴助傳〉：「鼂不及夕」。

古「歐」今「嘔」：

卷五十二〈韓安國傳〉：「安國既斥疏，意忽忽不樂，數月，病歐血死」；

古「風」今「諷」：

卷四十七〈文三王傳〉：「李太后亦私與食官長等姦亂，王與任后以此使人風止李太后，李太后亦已」。

古「財」今「才」：

卷六十八〈霍光傳〉：「霍光死財三年，宗族誅夷，哀哉！」

古「褎」今「袖」：

卷九十三〈佞幸傳〉：「董賢寵愛日甚，常與上臥起。嘗晝寢，偏藉上褎，上欲起，賢未覺，不欲動賢，乃斷褎而起，其恩愛至此。」

古「捄」今「救」：

卷七十四〈魏相傳〉：「賴明詔振捄，乃得蒙更生」；卷七十五〈翼奉傳〉：「開府臧（藏），振捄貧民。」

古「墬」今「地」：

卷一百〈敘傳〉：「乃避墬於河西」，「惟天墬之無窮兮」，「參天墬而施化」，「壹陰壹陽，天墬之方。」

古「卬」今「仰」：

卷八十一〈匡衡傳〉：「海內莫不卬望」；卷八十六〈王嘉傳〉：「（王）嘉喟然卬天歎曰。」

古「蒲陶」今「葡萄」：

卷九十六〈西域傳〉：「種蒲陶諸果」；「大宛國以蒲陶為酒。」

古「女」今「汝」：

卷六十四〈朱買臣傳〉：「女苦日久，待我富貴報女功」。

古「耆」今「嗜」：

卷八十七〈揚雄傳〉：「雄清靜亡為，少耆欲」；卷九十二〈游俠傳〉：「陳遵耆酒，每大飲，賓客滿堂」；卷九十七〈外戚傳〉：「女主驕盛則耆欲無極。」

三、《史記》篇目夾雜不一，《漢書》則整齊明瞭

首先舉（列）傳而言，《史記》順序間雜，很不齊一，如卷八十六〈刺客列傳〉居然排在呂不韋、李斯列傳之中；卷一百十〈匈奴列傳〉置於〈李（廣）將軍列傳〉與〈衛（青）將軍驃騎將軍（霍去病）列傳〉之間；卷一百一十七〈司馬相如列傳〉、卷一百一十八〈淮南衡山列傳〉竟列在〈南越、東越、朝鮮、西南夷列傳〉與〈循吏列傳〉之間；而卷一百二十〈汲、鄭列傳〉居然放在〈循吏列傳〉與〈儒林列傳〉其間，雜亂不整。

再舉〈書〉、〈志〉而言，《史記》八書篇名有一字者，如〈禮〉、〈樂〉、〈律〉、〈曆〉四書；有二字者，如〈天官〉、〈封禪〉、〈河渠〉、〈平準〉四書；相反地，《漢書》〈律曆〉、〈禮樂〉、〈刑法〉、〈食貨〉、〈郊祀〉、〈天文〉、〈五行〉、〈地理〉、

〈溝洫〉、〈藝文〉等十志，皆用兩字名篇，比《史記》整齊明瞭。此即《後漢書》〈班彪（附子固）列傳〉所贊美之「愼覈其事，整齊其文」。亦乃章學誠《文史通義》卷一〈書教（下）〉云：

遷書，不甚拘拘於題目也，或且譏其位置不倫……遷《史》不可為定法；固《書》因遷之體，而為一成之義例，遂為後世不祧之宗焉。

四、《漢書》多載經術政治詔令奏疏及詩歌辭賦文學

《漢書》對於朝廷國政經世致用令奏，多所收錄，又登載漢代著名詩賦作品，於中國政論、文學的收集保存，具有重大貢獻。

茲依《漢書》卷帙，仔細爬疏彙整摘要如下：

1. 帝詔類：

高帝〈求賢詔〉（高帝紀），文帝〈（復）議除收孥相坐律詔〉（刑法志）、〈養老詔〉、〈除誹謗法詔〉、〈勸農詔〉（文帝紀）、〈除肉刑詔〉（刑法志）、〈與匈奴和親詔〉（文帝紀），景帝〈擊七國詔〉（荆燕吳傳），武帝〈策賢良制〉（武帝紀）、〈益封霍去病詔〉（霍去病傳）、〈登封改元詔〉（武帝紀）、〈悔屯輪臺詔〉（西域傳），宣帝〈耆老勿坐繫詔〉（宣帝紀），元帝〈罷珠崖詔〉（元帝紀）等。

2.奏疏類：

賈山〈至言〉（賈山傳），賈誼〈論積貯書〉（食貨志），晁錯〈論貴粟疏〉（食貨志）、〈募民徙塞下書〉、〈賢良策對〉（鼂錯傳），鄒陽〈諫吳王濞書〉、〈獄中上梁孝王武書〉（鄒陽傳），枚乘〈諫吳王濞書〉（枚乘傳），韓安國〈與王恢論伐匈奴事〉（韓安國傳），東方朔〈化民有道對〉（東方朔傳），董仲舒〈賢良三策對〉（董仲舒傳），公孫弘〈賢良策對〉（公孫弘傳），司馬相如〈諫獵疏〉（司馬相如傳），霍光〈廢昌邑王奏〉（霍光傳），路溫舒〈尙德緩刑書〉（路溫舒傳），鮑宣〈論寵董賢書〉（鮑宣傳）等。

3.詩歌類：

項籍〈垓下歌〉（項籍傳），高帝〈大風歌〉（高帝紀），武帝〈瓠子歌〉（溝洫志），李延年〈佳人歌〉（外戚傳）等。

4.書信類：

司馬遷〈報任安（少卿）書〉（司馬遷傳），楊惲〈報孫會宗書〉（楊惲傳）等。

5.辭賦類：

賈誼〈弔屈原賦〉、〈鵩鳥賦〉（賈誼傳），司馬相如〈子虛賦〉、〈上林賦〉、〈大人賦〉、〈封禪文〉（司馬相如傳），東方朔〈答客難〉、〈非有先生論〉（東方朔傳），揚雄〈甘泉賦〉、〈河東賦〉、〈羽獵賦〉、〈長楊賦〉（揚雄傳）等。

6. 其他：

賈誼〈過秦論〉（項籍傳），司馬談〈六家要指論〉（司馬遷傳），桓寬〈鹽鐵論〉（卷六十六贊），揚雄〈酒箴〉（游俠傳），班彪〈王命論〉（敘傳）等。（註二）

趙翼《廿二史箚記》卷二〈漢書多載有用之文〉：

> 《漢書》多有《史記》所無而增載者，皆係經世有用之文……至如司馬相如、揚雄文賦，雖無關於經術政治，而班固本以作賦見長，心之所好，愛不能捨，固文人習氣，而亦可為後世詞賦之祖也。

五、《史記》為通史，《漢書》為斷代史

《史記》〈太史公自序〉：「於是卒述陶唐以來，至于麟止，自黃帝始。」又，〈司馬遷傳〉：「其涉獵者廣博，貫穿經傳，馳騁古今，上下數千載間，斯以勤矣」，是知《史記》爲通史書。

《漢書》〈敘傳〉：「以述《漢書》，起元高祖，終于孝平王莽之誅，十有二世，二百三十年。」又，《史通》〈六家〉：「班固斷自高祖，盡於王莽……漢書者，究西都之首末，

註二：吳福助教授，《漢書採錄西漢文章探討》，頁八二——一〇三。

窮劉氏之廢興，包舉一代，撰成一書。」故知《漢書》爲「包舉一代」之斷代史。

六、《史記》抱持仁義道德因果報應，《漢書》雜採陰陽五行災變異說

《史記》卷六〈秦始皇本紀〉：

秦以區區之地，千乘之權，招八州而朝同列；然一夫作難而七廟墮，身死人手，為天下笑者，何者？仁義不施也。

卷八十八〈蒙恬列傳〉：

蒙恬因家世（祖蒙驁，父蒙武，弟蒙毅）得為秦將，始皇甚尊寵蒙氏，信任賢之……而恬築長城，通直道，固輕百姓力矣；不以此時彊諫，振百姓之疾，養老存孤，務修眾庶之和，而阿意興功，此其兄弟遇誅，不亦宜乎？

相反地，抱懷仁義及身學道者，如蕭何、張良就得善報。

《史記》卷五十三〈蕭相國世家〉：

漢王引兵東定三秦，（蕭）何以丞相留巴蜀，使給軍食；漢王擊楚，何守關中，侍太子，轉漕（運）給軍（食）……漢定天下，高祖以蕭何功最盛，位次第一……何謹守管籥，因民之疾（秦）法，順流與之更始；淮陰（韓信謀反）、黥布等皆以誅滅，而何之勳（爍）爛焉，位冠羣臣，聲施後世。

卷五十五〈留侯（張良）世家〉：

項羽至鴻門，欲擊沛公（張良至軍門，見樊噲曰：今者項莊拔劍舞，其意在沛公也）……漢六年正月，封功臣；高帝曰：運籌策帷帳中，決勝千里外，子房（張良）功也，乃封張良為留侯……今（良）以三寸舌，為帝者師，封萬戶，位列侯，此布衣之極，於良足矣；願棄人間事，欲從赤松子（道家神仙）游耳，乃學辟穀，道引輕身。

班固《漢書》則多採董仲舒、劉向劉歆父子、夏侯始昌、夏侯勝、京房等人之天地陰陽五行（水火木金土）災異雜說。如卷一〈高帝紀〉：

高祖即位，世祠天地，漢承堯運，德祚已盛，旗幟上赤，協于火德，自然之應，得天統矣。

《漢書》又特別增立〈五行志〉，曰：

天垂象，見吉凶，聖人象之；河出圖，雒出書，聖人則之。文帝、景帝（時），未央宮東闕災，劉向以為東闕所以朝諸侯之門也……其後吳楚七國舉兵而誅……丞相條侯周亞夫以不言合旨稱疾免，後二年下獄死。（武帝）太初元年，未央宮災；先是，大風發其屋，夏侯始昌先言其災日，後有江充巫蠱衛太子事。征和二年春，涿郡鐵官鑄鐵，鐵銷，皆飛上去，此火為變使之然也……乃殺充，太子敗走，至湖自殺；明年，（丞相）劉屈氂復坐腰斬。

平帝元始五年，高皇帝原廟殿門災盡，是時平帝幼，委任王莽，將篡絕漢，墮高祖宗廟，故天象見也；其冬，平帝崩；明年，莽居攝，因以篡國，後卒夷滅。

七、《史記》貼近人民，重視群衆；《漢書》歌頌皇室，傾向帝王

司馬遷「耕牧河山之陽」，又「南游江淮，北涉汶泗」，出身民間，遊訪各地，體察民情，了解民間生活，關心下層人物；他栩栩如生地記載下層人物事跡，卻揭露酷吏暴虐、佞臣媚上。比如，他將「首事而竟亡秦」的陳涉與「父早死，貧且賤」的「布衣」孔子，尊崇抬高置於〈世家〉；把「乘勢起隴畝之中，將諸侯滅秦，分裂天下」的項羽，入於〈本紀〉，編於百王，擠身秦始皇漢高祖之列；然則，他譴責蒙恬：「爲秦築長城亭障，通直道，固輕百姓力矣。天下之心未定，不以此時彊諫，振百姓之急，養老存孤，務修眾庶之和，而阿意興功，此其兄弟遇誅，不亦宜乎？」

他親身經歷黃河水患深，關切民生疾苦，於《河渠書》：「甚哉，水之爲利害也！余從負薪塞宣房，悲〈瓠子〉之詩而作河渠書。」

《史記》讚歎郭解等游俠「自喜爲俠，振人之命，不矜其功，天下皆慕其聲，引以爲名。」然而，班固《漢書》卻大爲批判游俠「郭解之倫，以匹夫之細，竊殺生之權，其罪已不容於誅矣。」指責司馬遷「序游俠則退處士而進奸雄」。

司馬遷重視民間醫藥方技，他讚賞「太倉公（淳于意），少而喜醫方術，傳黃帝、扁鵲之脈書，五（臟）色疹病，知人死生；及藥論，甚精，決死生多驗。」重視人民生死大事，不厭其煩地舉了二十五例醫技驗方。然則，班固《漢書》卻捨去不書，惜哉！

《史記》〈貨殖列傳〉歌讚范蠡、子贛、巴寡婦清、蜀卓氏等之善長於貨殖利富，「治生之正道，富者用奇勝，皆誠壹所致，千金之家比一都之君，巨萬者乃與王者同樂。」然而，班固在《漢書》〈司馬遷傳〉指責司馬遷「述貨殖則崇勢利而羞賤貧，此其所蔽也。」又在〈貨殖傳〉要求人民「有恥而且敬，貴誼而賤利。」

《漢書》〈敘傳〉：「漢紹堯運，以建帝業」；《後漢書》〈班固列傳〉引班固〈典引篇〉，敘述漢德以續堯典：「故夫顯定（天地人）三才昭登之績，匪（非）堯不興，匪（非）漢不弘。盛哉！皇家帝世，德臣列辟，功君百王，榮鏡宇宙，尊無與抗。」益知班固《漢書》封建思想，特意尊崇漢室帝后。

因此，晉人傅玄《意林》卷五批評《漢書》：「論國體則飾主闕而抑忠臣，敘世教則貴取榮而賤直節。」

梁啓超《中國歷史研究法》評語曰：「《史記》以社會全體爲史的中樞，故不失爲國民的歷史；《漢書》則以帝室爲史的中樞，乃變爲帝王家譜矣。」

八、寫作立場官私之殊異

《史記》爲一部私家獨立述作（「私作本紀，編於百王之末，廁於秦項之列」），其思想與成書材料，雜採各家學說著作，讚美偏向黃老清靜無爲；關心人民社會生活，批評帝王暴虐統治，言論稍有激憤之處，對於今上漢武帝亦顯露微詞。《漢書》爲受帝詔而著述之官書（「顯宗召詣校書部，除蘭臺令史；遷爲郎，典校秘書，帝乃復使終成前所著書。」），立場偏向維護漢室，歌功頌德，如班固〈白雉詩〉（獲白雉啓祥瑞，章皇德膺天慶）與「神雀頌」（歌頌皇帝仁德，祥瑞顯應）；爲朝廷服務粉飾，比較輕視百姓；比如《史記》將非帝王的項羽置入〈本紀〉；把「揭竿爲旗，天下雲會嚮應」之「首事而竟亡秦」的陳涉列於〈世家〉；但，《漢書》卻都貶抑入於〈傳〉。

第五章　《史記》《漢書》對後世的影響價值

《史記》《漢書》對後世的影響價值有資鑑作用、珍愛國族、使人聰明增智、了解古代學術內容、開創「通史」與「斷代史」、知悟歷史與政治相關連、徵信春秋大義、作爲人文學的資材史料等。

一、資鑑作用價值

《史記》卷八〈高祖本紀〉與《漢書》卷一〈高帝紀〉：

高祖曰：夫運籌策帷帳（幄）之中，決勝於千里之外，吾不如子房（張良）；鎮（填）國家，撫百姓，給餽饟，不絕糧道，吾不如蕭何；連百萬之軍，戰必勝，攻必取，吾不如韓信；此三者（張良、蕭何、韓信），皆人傑也，吾能用之，此吾所以取天下也。項羽有一范增而不能用，此其所以為我擒也。

此劉邦勝項羽敗之資鑑也。

《漢書》卷九十六〈西域傳〉（《史記》無此傳）：

孝武之世，圖制匈奴，通西域，以斷匈奴右臂……師旅之費，不可勝計；至於用度不足，民力屈，財用竭，因之以凶年……是以末年遂棄輪臺之地，而下哀痛之詔。

此哀痛悔詔，在資鑑執政者不應好大喜功，連年出兵，窮兵黷武，勞民傷財。

《漢書》卷九十七〈外戚傳〉：

夫女寵之興，繇至微而體自尊，窮富貴而不以功，此固道家所畏，禍福之宗也。序自漢興，終于孝平，外戚後庭色寵著聞二十有餘人，然其保位全家者，唯四人而已……，其餘大者夷滅，小者放流，烏乎！鑒茲行事，變亦備矣。

此乃女主干政致禍之資鑑也。

二、了解中國歷史深厚而珍愛民族

《史記》卷一〈五帝本紀〉：

學者多稱五帝，尚矣。然《尚書》獨載堯以來，而百家言黃帝……余嘗西至空桐，北過涿鹿，東漸於海，南浮江淮矣，至長老皆各往往稱黃帝、堯、舜之處……予觀《春秋》、《國語》其發明〈五帝德〉、〈帝繫姓〉章矣，其所表見皆不虛。

由此乃知中國「信史」起自黃帝，爲中華民族之先祖矣。

《史記》卷四十七〈孔子世家〉：

《詩》三百五篇孔子皆弦歌之，《書傳》《禮記》自孔氏，求合〈韶〉〈武〉〈雅〉〈頌〉之音，禮樂自此可得而述，以備王道，成六藝。晚而喜《易》、讀《易》，作《春秋》。又卷六十七〈仲尼弟子列傳〉：

孔子曰：受業身通者七十有七（又作七十二）人，皆異能之士也。德行：顏淵、閔子騫；政事：季路；言語：宰我，子貢；文學：子游、子夏。參也魯，柴也愚，回也屢空，賜不受命而貨殖焉。

乃知孔子因材施教，有教無類，「學者宗之，自天子王侯，中國言六藝者折中於夫子，可謂至聖矣。」

再讀《漢書》卷四〈文帝紀〉贊曰：

孝文皇帝即位二十三年，宮室苑囿車騎服御無所增益……所幸夫人衣不曳地，帷帳無文繡，以示敦朴（樸），為天下先；治霸陵，皆瓦器，不得以金銀銅錫為飾……專務以德化民，是以海內殷富，興於禮義，斷獄幾致刑措，仁哉！

又〈文帝紀〉載〈養老詔〉、〈除誹謗法詔〉、〈勸農詔〉；〈刑法志〉記文帝〈（復）議除收孥相坐律詔〉與〈除肉刑詔〉，可知文帝勤政仁慈，尊老愛民，啓開中國歷史上著名的「文景之治」。

又讀《史記》〈孔子世家〉，〈扁鵲倉公列傳〉，〈衛將軍驃騎列傳〉，〈儒林列傳〉；及《漢書》〈地理志〉，〈藝文志〉，〈蕭何曹參傳〉，〈董仲舒傳〉，〈張騫傳〉，〈司馬遷傳〉，〈儒林傳〉，〈西域傳〉等，遙見歷史聖賢，觀賞江山多采，深厚民族感情。

三、使人聰明增長智慧

《史記》〈蕭何世家〉與《漢書》〈蕭何傳〉：

蕭何謹守管籥，因民之疾秦法，順流與之更始；淮陰（韓信）黥布等皆以誅滅，而何之勳（燦）爛焉；位冠羣臣，聲施後世。（慶流苗裔，盛矣哉！）

《史記》卷五十五〈留侯世家〉與《漢書》〈張良傳〉：

以三寸舌為帝者師，封萬戶，位列侯，此布衣之極，於良足矣；願棄人間事，欲從赤松子游耳，乃學道。

又，《史記》卷五十六〈陳丞相世家〉：

陳丞相好黃老之術，常出奇計，振國家之患；及呂后時，事多故矣，然平竟自脫，以榮名終，稱賢相，豈不善始善終哉！非知謀孰能當此者乎？

《漢書》〈陳平傳〉：

陳平為謀臣，及呂后時，事多故矣，平竟自免，以智終。

《史記》卷九十二〈淮陰侯列傳〉：

假令韓信學道謙讓，不伐己功，不矜其能，於漢家勳可以比周、召、太公之徒；不務出此，乃謀畔逆，夷滅宗族！

《漢書》〈韓信列傳〉：

呂后使武士縛信，斬之；信曰：吾反為女子（呂后）所詐，豈非天哉！夷信三族。

吾人讀《史記》、《漢書》史實，要學蕭何、張良、陳平的聰明智慧；切勿像韓信一般，伐己功，矜其能，不學道謙讓，而竟遭夷三族，哀哉！

吾人又讀《史記》卷八十一〈廉頗藺相如列傳〉：

以相如（完璧歸趙）功大，拜為上卿，位在廉頗之右；廉頗曰：我有攻城野戰之大功，而藺相如徒以口舌為勞，而位居我上，吾不忍為之下……相如曰：彊秦之所以不敢加兵於趙者，徒以吾兩人在也。廉頗聞之，至門謝罪，卒相與歡，為刎頸之交。

再讀《史記》卷一百一十一〈衛將軍驃騎列傳〉與《漢書》卷五十五〈衛青霍去病傳〉：

蘇建（蘇武父）曰：吾嘗願大將軍觀古名將所招選擇賢者，大將軍謝曰：招賢絀不肖者，人主之柄也；人臣奉法遵職而已；驃騎亦放此意。

我們讀史漢，要學藺相如的謙沖智慧，感動廉頗而「將相和」，同心協力，保衛國家；要學衛青、霍去病的聰明，不樹立軍系而遭上妬嫉，明哲保身，毋功高震主，終能保有功名焉。

四、讀史漢以了解中國古代學術內容

吾輩讀《史記》〈孔子世家〉、〈仲尼弟子列傳〉、〈孟子荀卿列傳〉、〈屈原賈生列傳〉、〈司馬相如列傳〉、〈儒林列傳〉、〈老子莊子列傳〉，〈管子列傳〉、〈韓非、申不害列傳〉，〈商（鞅）君列傳〉、〈李斯列傳〉，〈墨翟列傳〉，〈孫子吳起列傳〉，〈蘇秦張儀列傳〉，〈扁鵲倉公列傳〉、〈太史公自序〉以及《漢書》〈五行志〉，〈藝文志〉（因劉歆《七略》備籍），〈賈誼傳〉，〈董仲舒傳〉，〈司馬相如傳〉，〈司馬遷傳〉，〈東方朔傳〉，〈揚雄傳〉、〈儒林傳〉，〈敘傳〉等，大概得以了解中國古代五經六藝九流十家諸子及詩賦文集之學術內容：

詩：《詩經》、《韓（嬰）詩》、申培公《魯詩》、《毛詩》、《齊轅固生》

書：《伏生尙書古文經》、《大、小夏侯章句》、《歐陽章句》

禮：《禮經》、魯高堂生、《大戴（德）、小戴（聖）禮記》

樂：《樂記》

易：《易經》、《田何氏》、《楊何氏》、《淮南子》、《孟氏京房》

春秋：《左氏（丘明）傳》、《公羊（子）傳》、《穀梁（子）傳》、左丘明《國語》、

《太史公百三十篇》。

《論語》、《孟子》、《孝經》、《爾雅》。《孫卿子（荀子）》，《虞（卿）氏春秋》，《賈誼》、《董仲舒》，《（劉向）說苑、列女傳頌圖》、《（揚雄）太玄、法言》

以上爲儒家。

《老子（道德經）》，《莊子》，《列子》，《黃帝銘》

以上爲道家。

《愼（到）子》，《申（不害）子》，《商（鞅）君書》，《韓非子》

以上爲法家。

《墨翟子》（墨家）。

《鄒（衍）子》（陰陽家）。

《公孫龍子》，《惠（施）子》（名家）。

《蘇（秦）子》，《張（儀）子》（縱橫家）。

《呂氏（不韋）春秋》，《淮南（王安）內外篇》（雜家）。

《神農》（農家）。

《封禪方說》（小說家，稗官街談巷說）。

賦：屈原、宋玉、賈誼、司馬遷、枚乘、司馬相如、東方朔、劉向、王褒、揚雄。

詩歌：高祖〈大風歌〉，武帝〈李夫人歌詩〉。
兵書：《孫子兵法》，《吳起兵法》，《韓信兵法》，《李（廣）將軍射法》。
五行：《陰陽五行時令》，《堪輿金匱》。
方技：《黃帝內外經》，《扁鵲內外經》。

五、開創紀傳體「通史」與「斷代史」影響後世深遠

司馬遷「史記」內容含本紀、表、書、世家、列傳五體，「參酌古今，創為全史，自此例一定，歷代作史者，遂不能出其範圍，信史家之極則也。」此書記自黃帝，下訖漢武，為紀傳體「通史」鼻祖；兩千多年來，樹立其在中國「正」統歷「史」之極尊崇地位，在二十五史正史中，名列第一；其「使百代而下，史官不能易其法，學者不能捨其書，六經之後，惟有此作。」史遷乃被尊稱為「中國史學（家）之父」。

班固《漢書》整齊其文，為紀、表、書、傳凡百篇，起自高祖，終於王莽之誅，十有二世，兩百三十年，「究西都之始末，包舉一代」，為紀傳體「斷代史」宗師，在二十五史正史中，名別第二。其善於蒐羅典籍，「紀事詳贍」，多載經世政治致用疏策，又多舒發胸懷文采詩賦，言辭溫雅，具文史之材，規範來者深遠，影響後世廣大。

此即林劍鳴教授《新編秦漢史》所云：「司馬遷的《史記》和班固的《漢書》為紀傳體

史書代表，對後世的影響極爲深遠。」

六、悟知歷史與政治因果關連

吾人讀秦始皇的歷史「秦以區區之地，千乘之權，招八州而朝同列，然後以六合爲家，郩函爲宮，一夫作難而七廟墮，身死人手，爲天下笑者，何也？」那是他在政治上「仁義不施而攻守之勢異也。」故知歷史與政治因果關連。

項羽的歷史是「乘勢起隴畝之中，將諸侯滅秦，分裂天下，而封王侯，政由羽出，號爲霸王，近古以來未嘗有也。」然則，何以卒至兵敗身亡？那是他在政治上「背關（中）懷楚（彭城），放逐義帝而自立，自矜攻伐，奮其私智而不師古，欲以力征經營天下，五年卒亡其國，身死東城，尙不覺悟而不自責，過矣，謬哉！」

漢文帝的歷史地位是「漢興，至孝文，德之盛也；文帝即位二十三年，以德化民，幾致刑措，仁哉！」那是他的政治表現「羣臣迎立代王，願大王即天子位；益封陳平、周勃；詔除收孥諸相坐律令，舉賢良方正能直言極諫者，除誹謗妖言之罪，除肉刑；以農爲天下之本，除田之租稅；與匈奴和親，毋結難連兵；所幸愼夫人，令衣不得曳地，帷帳不得文繡，以示敦朴，爲天下先；治霸陵皆以瓦器，不得以金銀銅錫爲飾；是以海內殷富，興於禮義。」

要之，歷史與政治關連，兩千多年前的「政治」，成爲吾輩今日研讀之「歷史」，造政治因，啓歷史果；而後之視今，亦如今之視昔，吾人此時此地能不警醒審慎呼！

七、春秋大義史實

《史記》〈太史公自序〉：夫春秋，善善惡惡，賢賢賤不肖。

《史記》卷三十二〈齊太公世家〉：

齊太史書曰：崔杼弒莊公，崔杼殺之；其弟復書，崔杼復殺之；少弟復書，崔杼乃舍之。

又，卷三十九〈晉世家〉：

晉太史董狐書曰：趙盾弒其君，以視於朝，盾曰：弒者趙穿，我無罪；太史曰：子為正卿而亡不出境返，不誅國亂，非子而誰？孔子聞之曰：董狐，古之良史也，書法不隱。

《漢書》卷三十二〈司馬遷傳〉：

由劉向、揚雄博極羣書，皆稱遷有良史之材，其文直，其事核，不虛美，不隱惡，故謂之實錄。

又，卷六十九〈王莽傳〉：

王莽不仁而有佞邪之材，肆其姦慝，以成篡盜之禍；及其竊位南面，奮其威詐，滔天虐民，窮凶極惡，逞其欲焉，中外憤怨，支體分裂，害徧生民，自書傳所載亂臣賊子無道之人，考其禍敗，未有如莽之甚者也。

以上乃春秋尊王忠君，天下一統，不做滔天害民亂臣賊子大義之文。

八、是人文學的資材史料

我們讀《史記》〈孔子世家〉，〈老子（莊子）列傳〉，〈仲尼弟子列傳〉，〈孟子荀卿列傳〉，〈廉頗藺相如列傳〉，〈屈原賈生列傳〉，〈司馬相如列傳〉，〈儒林列傳〉，〈太史公自序〉及《漢書》的〈藝文志〉，〈賈誼傳〉，〈董仲舒傳〉，〈司馬相如傳〉，〈司馬遷傳〉，〈東方朔傳〉，〈揚雄傳〉，〈儒林傳〉，〈敘傳〉等，爲人文學院中文（國文）系、歷史學系、哲學系必、選修研讀的資材史料。

讀《史記》〈河渠書〉與漢書〈溝洫志〉，《史記》〈夏（禹）本紀〉與《漢書》〈地理志〉，是人文學院地理學的極佳史料。

讀《史記》〈孝文本紀〉，〈管晏列傳〉，〈韓非、申子（不害）列傳〉，〈商君（鞅）列傳〉，〈酷吏列傳〉與《漢書》〈文帝紀〉，〈刑法志〉，〈酷吏傳〉，爲法律系學子值得一閱史料。

讀《史記》〈平準書〉與《漢書》〈食貨志〉是人文學院政治學系「中國政治思想史」很好的參考材料。

讀《史記》〈蘇秦列傳〉、〈張儀列傳〉、〈縱橫口才善辯謀士，靈活高明政治家外交官〉，〈匈奴南越東越朝鮮西南夷列傳〉，〈大宛列傳〉與《漢書》〈匈奴西南夷兩粵朝鮮傳〉，〈西域傳〉，是人文學院政治系國際關係組、外交學系、地理學系極佳的材料。

由以上舉例概說，約可得悉《史記》《漢書》對後世的影響與價值，既深遠而廣大矣。

參考書目

一、專　書

（北京）中華書局，司馬遷原著，《史記》標點本，一九五九年七月。

王民信，《史記研究之資料與論文索引》，學海，六十五年七月。

王明通，《漢書導論》，五南，八十年六月。

王仲孚，《中國上古史論文集(二)》，蘭台，九十三年十二月。

（清）王先謙，《漢書補注》，藝文印書館影印光緒二十六年刻本。

王叔岷，《史記斠證》，（北京）中華書局，二〇〇七年七月。

（清）王念孫，《讀書（史記、漢書）雜志》，廣文書局。

王國維等，《司馬遷其人及其書》，長安，七十六年九月。

（清）王鳴盛，《十七史商榷》，樂天，六十年。

王錦貴，《中國紀傳體文獻研究》，北京大學出版社，一九九六年八月。
王基倫、洪淑苓《四史導讀》，台灣書店，八十八年八月。
王健群，《二十四史提要》，黑龍江人民出版社，一九七九年九月。
尹達，《中國史學發展史》，中州古籍出版社，一九八五年七月。
（宋）司馬光著，（元）胡三省注，《資治通鑑音注》，中華書局，一九五六年。
（清）永瑢、紀昀，《四庫全書簡明目錄（史部正史類）》，商務，七十二年六月。
朴宰雨，《史記漢書比較研究》，（北京）中國文學出版社，一九九四年八月。
朱東潤，《史記考索》，台灣開明，七十六年一月。
朱仲玉，《古代史學家》，昭文社，一九九八年三月。
安作璋，《班固與漢書》，學海，八十年五月。
安作璋，《班固評傳》，（南寧）廣西教育出版社，一九九六年八月。
汪惠敏，《史記政治人物述評》，師大書苑，八十年四月。
李威熊，《漢書導讀》，文史哲，六十六年四月初版；九十九年十月BOD初版一刷。
李長之（歷城），《司馬遷之人格與風格》，漢京，七十二年三月。
李宗侗，《中國史學史》，中華文化出版事業，四十四年。
李宗侗，《史學概要》，正中，五十七年十一月。

吳樹平，《二十四史簡介》，（北京）中華書局，一九七九年七月。

吳福助，《史漢關係》，文史哲，六十四年四月初版，七十六年二月新一版。

吳福助，《史漢文學論叢》，簡牘學會，七十一年。

吳福助，《漢書採錄西漢文章探討》，文津，七十七年九月。

吳福助，《史記解題》，國家出版社，八十四年一月；二〇一二年九月增訂再版。

吳福助，《楚辭註繹》，里仁書局，二〇〇七年五月五日。

吳璵注譯，《新譯尚書讀本》，三民書局，八十六年八月，八版。

吳天任，《正史導讀》，商務，七十九年二月。

吳天任，《國史治要》，商務，七十九年二月。

吳汝煜，《史記論稿》，江蘇教育出版社，一九八六年。

杜維運，《史學方法論》，三民，六十八年二月

杜維運，《中國史學史（第一冊）》，三民，八十二年十一月。

杜維運，《歷史的兩個境界》，東大，八十四年七月。

（清）沈欽韓，《漢書疏證》，上海古籍出版社，二〇〇六年四月。

阮芝生，《司馬遷的史學方法與歷史思想》，台大史研所博士論文，六十二年六月。

呂世浩，從《史記》到《漢書》——轉折過程與歷史意義，台大出版中心，二〇〇九年十二月。

余嘉錫，《余嘉錫論學雜著》上冊，（太史公書亡篇考），中華，一九六三年一月。
林劍鳴，《新編秦漢史（上、下）》，五南，八十一年十一月。
林安梧，《新譯老子道德經》，讀冊文化出版社，不著年月。
金靜庵，《中國史學史》，鼎文，八十七年五月。
周佳榮，《中國史學名著概說》，唐山，七十八年四月。
（清）周壽昌，《漢書注校補》，商務，一九三六年。
周虎林，《司馬遷與其史學》，文史哲，六十九年十月再版。
昌彼得、潘美月，《中國目錄學》，文史哲，七十五年九月。
（南朝宋）范曄，《後漢書》，宏業，六十六年十月再版。
馬先醒，《漢史文獻類目》，簡牘社，六十五年六月。
施丁主編，《漢書新注（一－四）》（附錄二，漢書常用古體字），（西安）三秦出版社，一九九四年七月。
施丁主編，《史記研究》，（北京）中國大百科全書出版社，二〇〇九年一月。
（漢）班固撰，（唐）顏師古注，《漢書》，宏業，六十七年八月再版。
徐文珊，《中國史學概論》，維新，，五十六年三月。
徐文珊，《史記評介》，維新，六十二年九月初版；八十一年八月修訂出版。

徐浩，《廿五史述要》，世界書局，六十四年。

倉修良，《史記辭典》，山東教育出版社，一九九一年六月。

倉修良主編，《中國史學名著評介》，里仁，八十三年四月台一版。

倉修良，《漢書辭典》，山東教育出版社，一九九六年一一月。

（宋）倪思，《班馬異同》，收藏於《文淵閣四庫全書》，史部正史類，九；台灣商務，一九八六年。

（明）凌稚隆，《史記評林》，地球出版社，八十一年三月。

（明）凌稚隆，《漢書評林》，（北京）國家圖書館，二〇〇八年。

柴德賡，《史籍舉要》，漢京，七十四年一〇月。

高振鐸主編，《古籍知識手冊》，山東教育出版社，一九八八年十二月。

莊雅州，《經學入門》，台灣書店，八十六年九月。

畢素娟、熊國禎，《中國古代著名史籍》，商務，一九九五年九月，初版二刷。

（清）郭嵩燾，《史記札記》，（上海）商務，一九五七年九月。

陳欽銘，《廿四史醫者病案今釋》，（扁鵲、倉公），新士林，六十三年三月。

陳蘭村主編，《中國傳記文學發展史》，（《史記》、《漢書》史傳文學），（北京）語文出版社，一九九九年一月。

陳寬強，《歷代開國功臣遭遇》，嘉新水泥文化基金會，五十五年二月。
陳其泰等者，《班固評傳》，南京大學出版社，二〇〇二年五月。
（清）崔適，《史記探源》，廣文，六十六年七月再版。
張大可注，《史記新注》，（北京）華文出版社，二〇〇〇年一月。
張大可等主編，《史記教程》，（北京）華文出版社，二〇〇二年三月。
張大可，《史記研究》，（北京）商務，二〇一三年一月。
張大可，《司馬遷評傳》，（北京）商務，二〇一三年五月。
張立志，《正史概論》，商務，五十八年十月。
（清）章學誠，《文史通義》，漢京，七十五年九月。
（清）梁玉繩，《史記志疑》，鼎文，六十六年十二月。
梁啓超，《中國歷史研究法（附補篇）》，中華書局，六十年。
梁元帝，《金樓子》，世界書局，影輯永樂大典本。
黃沛榮編，《史記論文選集》，長安，七十一年九月初版。
黃兆強，《廿二史劄記研究》，學生書局，一九九四年三月。
黃培、陶晉生編，《鄧嗣禹先生學術論文選集》，（司馬遷與希羅多德之比較），食貨，六十九年一月。

楊樹達，《漢書窺管》，世界書局，五十年。
楊家駱，《二十五史識語》，鼎文，六十九年八月。
楊家駱，《史記今釋》，正中，七十七年十月。
楊燕起、俞樟華編，《史記研究資料索引和論文專著提要》，蘭州大學出版社，一九八九年五月。
楊燕起，《史記的學術成就》，北京師範大學出版社，一九九六年七月。
楊寬，《戰國史》，台灣商務，一九九七年十月增訂版。
裴駰、司馬貞、張守節，《史記三家注》，七略出版社，九十二年九月。
（清）趙翼，《廿二史劄記》，華世，六十六年九月。
鄭鶴聲，《史漢研究》，（上海）商務，十九年八月。
鄭鶴聲，《班固年譜》，商務，一九三一年二月。
鄭鶴聲，《司馬遷年譜》，（上海）商務，一九三三年九月。
鄭樑生譯，《司馬遷的世界》，志文，六十六年六月。
鄭樑生編，《史記的故事》，志文，六十七年。
（宋）鄭樵，《通志（總序）》，商務，四十五年。
鄭向前等，《二十六史（史記漢書等）作者評傳》，（北京）文化藝術出版社，二〇〇六年六月。

劉咸炘，《四史知意》，鼎文，六十五年二月。
（唐）劉知幾撰，（清）浦起龍釋，《史通通釋》，藝文印書館，六十七年四月。
劉偉民，《司馬遷研究》，國立編譯館，六十四年二月。
（漢）劉珍等，《東觀漢記》，中華書局，五十六年十一月台二版。
劉兆祐、劉本棟編，《六十年來史記漢書之研究》，收錄於《六十年來之國學㈢史學》，正中，六十三年五月初版。
潘德深，《中國史學史》，五南，八十三年五月。
學海出版社，《怎樣讀史書》，七十九年三月。
魯迅，《漢文學史綱要》（第十篇司馬相如與司馬遷），（北京）人民出版社，二〇〇六年十二月。
盧瑞鍾，《韓非子政治思想新探》，（台大政治學系）自印，一九八九年四月。
（清）錢大昕，《廿二史考異》，上海古籍出版社，二〇〇四年四月。
（清）錢大昕，《十駕齋養新錄》（卷六，三史十三史十七史二十一史）。
錢穆，《中國史學名著》，三民，六十二年二月。
錢穆，《孔子傳》，東大，七十六年一月。
錢穆，《秦漢史》，東大圖書公司，八十一年九月，六版。

錢穆，《國史大綱（上冊）》，商務，一九九九年十二月，修訂三版三刷。
錢穆，《中國史學發微》，素書樓文教基金會，九十年二月。
韓復智等，《秦漢史》，里仁，二〇〇七年元月，增訂版。
韓兆琦，《史記通論》，北京師範大學出版社，一九九〇年九月。
韓兆琦、陳蘭村編，《中國傳記文學史》，（石家莊）河北教育出版社，一九九二年八月。
韓兆琦編注，《史記選注匯評》，文津，八十二年四月。
韓兆琦，《史記題評》，（西安）陝西人民教育出版社，二〇〇〇年九月。
韓兆琦，《史記評注本》，（長沙）岳麓書社，二〇〇四年五月。
韓兆琦，《史記箋証》，（南昌）江西人民出版社，二〇〇四年十二月。
（唐）顏師古，《前漢書敘例》，收錄於《四庫全書薈要（史部）》。
（日）瀧川龜太郎，《史記會注考證》，樂天，六十一年三月。
顧炎武，《日知錄》，明倫，五十九年十月。

二、論文期刊

王重民，〈史記版本和參考書〉，《圖書館學季刊》，一卷四期，十五年十二月。
王叔岷，〈史記孟子荀卿列傳斠證〉，《孔孟學報》，十三期，五十六年四月。

尹章義，〈班固之生卒年〉，《食貨月刊》，九卷十二期，六十九年三月。

杜維運、黃進興編，《中國史學史論文選㈠》，收錄鄭鶴聲，〈太史公司馬遷之史學〉；潘重規，〈史記導論文選〉；華世出版社，六十五年九月初版。

杜維運等，《中國史學史論文選集㈢》，收錄阮芝生，〈試論司馬遷所說的「通古今之變」〉，華世，七十四年二月。

李威熊，〈董仲舒的學術思想體系〉，《靜宜學報》，一期，六十七年六月。

阮芝生，〈太史公怎樣搜集和處理史料〉，《書目季刊》，七卷四期，六十三年三月。

阮芝生，〈司馬遷的心〉，《台大文史哲學報》，二三期，六十三年十月。

阮芝生，〈論史記五體及「太史公曰」的述與作〉，《台大歷史學報》，六期，六十八年十二月。

阮芝生，〈論史記五體的體系關聯〉，《台大歷史學報》，七期，六十九年十二月。

阮芝生，〈伯夷列傳析論〉，《大陸雜誌》，六二卷三期，七十年三月。

阮芝生，〈試論司馬遷所說的「究天人之際」〉，《史學評論》，六期，七十二年九月。

阮芝生，《史記・河渠書》析論，《台大歷史學報》，一五期，七十九年十二月。

阮芝生，〈論吳太伯與季札讓國〉，《台大歷史學報》，一八期，八十二年十二月。

阮芝生，《史記・貨殖列傳析論》，《台大歷史學報》，一九期，八十五年六月。

阮芝生，《史記・滑稽列傳》，《台大歷史學報》，二〇期，八十五年十一月。

阮芝生，〈史記的特質〉，載於施丁主編《史記研究（上）》，中國大百科全書出版社，二〇〇九年一月。
吳福助，〈漢書襲錄史記考〉，《東海學報》，十六卷，六十四年六月。
吳福助，〈史漢體例比較〉，《中華文化復興月刊》，十一卷八期，六十七年八月。
吳福助，〈史記十二本紀十表解題〉，《東海學報》，二十卷，六十八年六月。
林慈淑，〈歷史要教甚麼「能力」？——試論香港、台灣、英國的三份課綱〉，《清華歷史教學》，二十一期，二〇〇年十月。
林聰舜，〈酷吏群相〉，《國文天地》，三卷四期，七十六年九月。
徐復觀，〈論史記〉，《大陸雜誌》，五五卷五期，六十六年十一月。
徐復觀，〈史漢比較研究之一例〉，《大陸雜誌》，五十七卷四期，六十七年十月。
梁任公（啓超），〈要籍（史記）解題及其讀法〉，《史地學報》，二卷七號，十二年九月。
黃兆強，〈二十六史編纂時間緩速比較研究〉，《新亞學報》，二十二卷，二〇〇三年。
湯承業，〈論劉邦所以戰勝項羽〉，《新時代》，十三卷五期，六十二年五月。
曾永義，〈漢高祖的大風歌〉，《幼獅月刊》，四十四卷三期，六十五年九月。
管雄，〈漢書古字論例〉，《學原》，一卷十一期，三十七年四月。
潘重規，〈史記導論〉（上中下），《大陸雜誌》，二十一卷八—十期，四十九年十—十一月。

鄭鶴聲，〈太史公司馬遷之史學（太史公書）〉，《史地學報》，二卷五號，十二年七月。
鄭鶴聲，〈司馬遷之史學〉，《史地學報》，二卷六號，十二年八月。
劉本棟，〈史記莊子列傳疏證〉，《幼獅學誌》，五卷二期，五十五年十二月。
賴明德，〈司馬遷與班固史學之比較〉，《中國學術年刊》，四期，七十一年六月。
錢穆，〈中國古代大史學家司馬遷〉，《民主評論》，四卷八期，四十二年四月。